农业发展和农机研究、试验、推广

苏龙田 著

合肥工业大学出版社

图书在版编目(CIP)数据

农业发展和农机研究、试验、推广/苏龙田著. --合肥:合肥工业大学出版社,2025. -- ISBN 978-7-5650-7129-4

Ⅰ.F323;S22

中国国家版本馆 CIP 数据核字第 2025DU6074 号

农业发展和农机研究、试验、推广

苏龙田　著　　　　　　责任编辑　袁　媛

出　版	合肥工业大学出版社	版　次	2025 年 6 月第 1 版	
地　址	合肥市屯溪路 193 号	印　次	2025 年 6 月第 1 次印刷	
邮　编	230009	开　本	710 毫米×1010 毫米　1/16	
电　话	基础与职业教育出版中心:0551-62903120	印　张	13	
	营销与储运管理中心:0551-62903198	字　数	233 千字	
网　址	press. hfut. edu. cn	印　刷	安徽联众印刷有限公司	
E-mail	hfutpress@163.com	发　行	全国新华书店	

ISBN 978-7-5650-7129-4　　　　　　　　　定价：68.00 元

如果有影响阅读的印装质量问题,请联系出版社营销与储运管理中心调换。

前　言

我是一个因"无知"而大胆创新的普通农民的儿子。记得在我上初中时，发生了海湾战争（1990—1991年），电视中报道，海湾战争导致大量石油流入海洋，污染了大面积海域，一些海洋鸟类的生存受到严重影响。从那时开始，我就围绕收集、清除污染海面的石油进行了较长时间的思考和探索。在这个过程中，虽然没有大的突破，但是我发现了生活中还有很多问题没有解决，说不定还需要我这个普通农民的"傻"儿子来想办法化解。比如，管道的快速安装与拆卸、近视的预防、便于装拆的衣物装饰物……若干年后，这些懵懂无知、异想天开的想法竟然获得了专利授权。17岁那年（1994年，在娄底市就读中专），我涨红着脸、忐忑不安地到娄底地区专利事务所咨询专利方面的知识，购买并至今保存了1993年3月出版的《发明与革新》（增刊），其主要内容是新专利法知识汇编。19岁那年（1996年），我拿着自己制作的、粗糙的预防近视装置到娄底地区专利事务所请教能否申请专利，被告知还需在实用性上下功夫。22岁那年（1999年），我委托娄底地区专利事务所代理一项个人专利申请事务，2000年获得了专利授权（专利名称：可拆卸式装饰物扣件，专利号：ZL99233812.3）。截至目前，我已获得个人专利20项（均为实用新型）。前几天，我又提交了一项发明专利申请，如果能获得授权，我将倍感欣慰，因为这暗合了我的一句口头禅"不管三七二十一"，期待着……

2023年7月，一位领导在新书付印前夕与我闲谈中说："你以后也要出书的嘛！"至今仍记得，我坚定地回答："不会！"但在几个月后，当那位领导问我有无时间时，我竟回答因为准备出书而没有时间。

出版个人专著在我看来，曾是高不可攀的事，因而从未想过。后来，在一位长辈的指导下，我发现已取得的很多成果都可作为专著内容。将部分成果稍作整理，居然有将近 10 万字。一下子，出版个人专著的欲望被彻底点燃。当然，也不可否认，其中包含了个人专著对我评正高级职称有较大帮助的现实原因。

俗话说，好事成双。当我这本个人专著即将出版之际，单位成立了课题组，我担任课题负责人，主持收集、整理、编撰关于南方山地、丘陵地区常用农机的使用、保养及维修等方面的资料，后续可能视情况出版成书。为此，我正忙着并快乐着，更期待着……

自参加工作二十多年来，历练颇多。曾在试制车间做电焊工，其间除了车工的活没做过，其他工种的活均有涉及。曾到广东打工创收，在台资、港资企业从事专业技术工作。曾在娄底的港资企业担任淀粉制品车间主任，其间，从零开始，组建了车间团队；解决了四条生产线（红薯淀粉生产线、精品粉丝生产线、粉皮生产线、挤压粉丝生产线）在设备安装、调试、规模化生产过程中的种种问题，全部实现规模化生产；建立了生产管理体系和质量管理体系。曾从事薯类加工机械的推广和技术服务工作，奔波多地，提供全方位技术服务。曾在新化县、娄星区等三个村担任扶贫队长、第一书记，三次记功。业余时间曾在多个农机企业兼职，从事农机研究、试制、试验、推广等工作。还曾从事党建、人事、打击非法集资、资本市场管理、企业上市等工作。当然，主要工作还是农机科研和推广。

不同的工作岗位有不同的要求，但在我经历的大部分工作岗位中，文字写作都是基本要求。正因为如此，我这个原本以为自己不会从事文字写作的理工男，被逼着写了不少文字材料，甚至还为领导草拟过讲话稿。

本书汇集了我多年从事农机科研和推广工作的部分成果，包括薯类加工机械、收割机、旋耕机等多种农机具的研究、试制、试验等实际工作实例，多项涉及农机的专利研究资料，以及有关农业发展、农机问题的研究论文等。本书能为初级、中级、副高级职称层级的农业、农机专业技术人员提供借鉴和参考，也能为拟申报正高级职称的专业技术人员提供帮助，还可为南方山地、丘陵地区相关政策的制定和路径选择提供决策参考。

本书的突出特点是：

（1）实用性强。书中的实例来源于我的工作实际，能直接指导和应用于实际工作中。例如，收割机和旋耕机的设计任务、设计计算、试制情况总结、使用、保养及维修等内容，均可直接借鉴并应用于工作中。

（2）全程借鉴与指导职称晋升。书中既有简单的实例（如固液分离、量取装置），又有较复杂的实例（如旋耕机），还有更复杂的实例（如联合收割机）及相关论文，可为专业技术人员从初级职称开始，晋升到中级、副高级，以及申报正高级职称提供全程借鉴和指导，或为各层级专业技术人员提供参考。

（3）宏观和微观兼顾。书中既有微观的具体实例，又有宏观的路径研究，能为南方山地丘陵地区相关政策的制定和发展路径选择提供决策参考。

最后，衷心感谢领导和长辈多年来的鼓励与指导，感谢同仁和亲友多年的支持与帮助，感谢合肥工业大学出版社。当然，由于我的水平有限以及时间仓促，书中难免存在不足和谬误之处，恳请读者批评指正。

苏龙田
2025 年 1 月 4 日于娄底

目　　录

四、旋耕机研究、试制、试验篇

五、抗旱排涝系统研究篇

六、其他农机具研究篇

七、农机推广篇

一、农业、农机产业研究篇

以娄底为例——探索我国南方山地丘陵地区农业、农机产业做强做优的路径研究

一、研究的目的

  娄底市位于湖南省中部,是湖南省的地理几何中心,也是南方山地丘陵地区的典型代表。娄底市下辖娄星区、娄底经开区、新化县、冷水江市、涟源市和双峰县等县市区,东西宽 160 千米,南北长 102 千米,总面积为 8117 平方千米。地势西高东低,西部为山地区,山势雄厚,峰岭绵延;东部为丘陵区,地势逐渐降低,地形起伏平缓,丘岗延绵,平地宽敞。平均海拔为 170 米。娄底市位于中亚热带季风湿润气候区,既具有季风性,又兼具大陆性。

  娄底市的农业产业经过多年的不懈努力,取得了明显成效。其农业产业做强做优的主要路径有规模化种植、特色种植、规模化养殖和特色养殖等。国内外的专家和学者对这些路径的实施进行了深入研究,并提出了相应的对策和措施,这里不再赘述。然而,现有路径的实施面临诸多制约因素,如资源、资金、技术和营销等。因此,现有路径的实施区域较为有限,对于大部分山地丘陵地区而言,只能望洋兴叹。目前,对于现有路径均无法实施的山地丘陵地区,农业产业做强做优的路径研究较为鲜见,娄底市在这方面的研究探索也非常有限。探索适用于现有路径均无法实施的广大山地丘陵地区的农业产业做强做优的路径是非常必要的,这也是以娄底市为典型的南方山地丘陵地区实现农业现代化必须攻克的难题。

  近些年来,在政策和市场的共同推动下,我国农业机械化水平不断提升。湖南省是南方山地丘陵地区的典型省份,其农机产业经过多年发展,从无到有、从小到大,取得了阶段性的跨越。全省现有农机生产企业 800 多家,其中规模以上企业 160 多家。已逐步形成湖南农机产业园和长沙市、衡阳市、常德市、益阳市、娄底市、汨罗市"一园六区"的产业格局。产值过亿元的企业有中联重机、中天龙舟、湖南农友、郴州农夫等 20 家。主要产品包括轻型履带拖拉机、履带自走式旋耕机、农用运输机械、农用挖掘机、粮食加工

机械、耕整机、中小型水稻收割机等一批具有山地丘陵特色的机具。从总体上看，现有农机产业的发展路径可圈可点，但也存在一些突出的制约问题。比如，部分农机企业主存在小富即安的思想，缺乏创新和危机意识；农机企业多数无核心技术，产品技术含量低；农机企业之间没有形成发展合力；农机具售价高，农户无议价优势；售后服务意识较差，维修不及时且收费高等。国内外专家学者对南方山地丘陵地区农机产业做强做优路径进行了深入研究，提出了相应的对策和措施，这里不再赘述。然而，通过提出农机新概念，促进农机产业转型升级来做强做优南方山地丘陵地区农机产业的路径研究仍显不足。因此，有必要提出新的概念，为农机产业的转型升级、做强做优提供新的路径。

二、国内外农业碳汇及碳汇交易、山地丘陵地区农机产业的现状和发展趋势

（一）国内农业碳汇及碳汇交易的现状

随着绿色低碳发展理念的逐步深入，我国加大了各类碳汇开发建设的工作力度，而作为重要减排渠道的农业碳汇建设备受关注。

1. 政策法规陆续出台，支持力度不断提升

2015 年印发的《全国农业可持续发展规划（2015—2030 年）》提到，要建立农业碳汇交易制度，促进低碳发展。2021 年，《中共中央 国务院关于完整准确全面贯彻新发展理念做好碳达峰碳中和工作的意见》提出，加快推进农业绿色发展，促进农业固碳增效；发展节能低碳建筑与绿色农房。国务院《2030 年前碳达峰行动方案》提出，推进农村建设和用能低碳转型；发展绿色低碳循环农业，推进农光互补；研发应用增汇型农业技术。相关省市也对农业农村碳达峰碳中和提出政策建议，主要涉及农业产业结构升级、农村能源改造、提升土壤碳汇能力、探索农业碳汇交易、低碳科技研发和推广、建设绿色节能农房等方面。

2. 实施农业碳汇项目，探索实践经验及研究成果

为提升农业碳汇的减排效果并积累实践经验，我国积极探索农业碳汇项目的实践工作。例如，科技部早在 2007 年就启动了一个关注农业和土地利用在减少中国温室气体排放方面的作用的特别行动计划。国家和地方各级人民政府越来越重视农业碳汇，重点研究建立农业碳汇交易机制。一方面，强调建立和推广农业碳汇核算标准，这对于农业碳汇能否顺利进入市场化交易至关重要。另一方面，探索建立农业碳汇与乡村振兴的利益联结机制，使农户可以通过农业碳汇交易获得收益，将绿水青山（生态效益）转化为金山银山

（经济利益）。

3. 配套机制日渐完备，市场交易逐步活跃

多个地区通过搭建农业碳汇交易平台、构建计量监测标准体系、建立风险保障及产品价值实现机制等方式，不断丰富农业碳汇相关配套措施。例如，福建省以茶园为实践对象，全面开展农业碳汇监测，探索符合国际规范且契合福建实际的农业碳汇监测标准、核算体系和方法。同时，引入市场化手段，探索建立农业碳汇方法学，明确农业碳汇交易规则，开发一系列农业碳汇金融产品。

（二）国外农业碳汇及碳汇交易的现状

随着全球气候变化的日益严重，减缓气候变化已经成为全球共同的责任和使命。全球各国对于减缓气候变化的需求不断增加，农业碳汇市场作为一种有效的应对方式，正在逐步发展壮大，并呈现出广阔的前景和巨大的机遇。各国政府推出了一系列政策和法规，支持农业碳汇的发展。例如，欧盟、美国、新西兰、澳大利亚、日本等多个国家已经推出了碳排放交易市场，为农业碳汇提供了一个广阔的市场平台。目前，农业碳汇市场交易活动日益活跃，交易金额不断增长，经济效益、社会效益和生态效益日益显著。

三、国内外山地丘陵地区农机产业的现状及发展趋势

（一）国内山地丘陵地区农机产业的现状及发展趋势

自农机购置补贴政策出台以来，我国农作物耕种收综合机械化率从 2004 年的 34% 提升至 2022 年的 73%。北方平原地区的机械化率已超过 80%，但南方山地丘陵地区仍不足 50%。研发适用于山地丘陵地区的农机装备面临的最大挑战是，这些设备不仅需要轻便小巧，还必须具备多功能性和强适应性，同时价格也要合理。因此，无机可用、无好机可用的困境凸显。

国家将继续加大对山地丘陵地区农机装备的研制和推广力度。充分利用研发资源，进一步支持山地丘陵地区的农机装备研发，有针对性地建设一批全程机械化科研基地和重点实验室。推动农机购置与应用补贴资金继续向山地丘陵地区倾斜，将更多急需的农机装备纳入补贴范围。继续加快建设农机实用人才队伍，鼓励他们积极参与农机研发创新、作业服务、维修保养等工作，为农机化提供有力的人才支撑。同时，旨在满足山地丘陵地区农机化推广使用场景的高标准农田建设也在如火如荼地进行。推动农田地块小并大、短并长、陡变平、曲变顺和互联互通，提高农机适应性。新一代信息技术的迅速发展为农业机械化提供了新的技术手段，如智能农机、无人机、自动化技术等，这些技术的应用可以大幅提高农业机械化的效率和精度，为山地丘

陵地区的农业机械化提供技术保障。随着政策引导和激励措施的不断加强，未来先进适用的山地丘陵地区农机装备在生产研发、推广应用、销售服务等环节上将具备较大的发展空间。适合山地丘陵地区的小型机械将成为未来几年发展的重要趋势，成为农机市场的新引擎。

（二）国外山地丘陵地区农机产业的现状及发展趋势

欧美日韩等农业发达国家的农机普及率超过90％。山地丘陵地区面积大、人多地少的代表性国家是日本和韩国。日本和韩国推进山地丘陵地区农机化发展的做法是，他们用了六七十年的时间，基本完成了农田宜机化改造，并研发出了大量适合其农地的机械。例如，在水稻生产上，发展了以工厂化育秧、机插、机收及干燥为主的小型全过程水稻生产所需的农业装备。目前，正在研究和推广将卫星通信、遥感技术、电子计算机等高尖技术应用于农业机械，使各种农业机械能够更准确、迅速地完成耕地、播种、施肥、除草、除病虫害等作业，朝着农业机械与装备的精准化方向发展。生产的机械化辅以管理的科学化，提高了农业生产效率。

四、创新点

（一）拓展并发表了"农业碳汇"的新概念

现有"农业碳汇"的概念是指通过改善农业管理、改变土地利用方式、育种技术创新、植树造林等方式，吸收二氧化碳的过程、活动或机制。此概念中农业的范围较窄。新的"农业碳汇"概念是指通过农、林、牧、副、渔业等农业经营管理活动，稳定和增加碳汇量的过程、活动或机制。新的"农业碳汇"概念比原有的包含范围更广。

（二）探索并发表了发展农业碳汇，推动碳汇交易来做强做优南方山地丘陵地区农业和农机产业的路径

碳中和已开始走进人们的生活，可以预见，"禁塑"与碳中和将齐头并进，改变人们衣食住行的各个方面。未来对碳汇的需求量将不断增加，碳汇数量将严重不足，碳汇将成为稀缺品，且缺口巨大，在相当长的时期内不必担心过剩。因此，我国南方山地丘陵地区要紧紧抓住机遇，将农业碳汇、碳汇交易作为新的增长点和增长动能，形成优势产业，把农业、农机产业做强做优。这条路径适用范围广、可复制推广、可长期运作和受益，也可在全国推广。

（三）首次在全国提出并发表了"碳汇农机"概念

"碳汇农机"的定义，即以稳定或增加碳汇量为目的，在农、林、牧、

副、渔业等农业生产过程中所使用的各种机械设备，以及使用过程中不排放温室气体或使用过程中排放的温室气体相比以前有一定比例减少的各种农业机械。

（四）提出并发表了湖南农业、农机产业做强做优要注重在农业碳汇、碳汇农机等方面进行创新的观点

湖南需加大宣传力度，形成发展农业碳汇、碳汇农机的良好氛围。增强群众的碳汇农业参与意识和参与体验，把碳汇农机作为农机产业转型升级、打造创新高地的重要抓手。健全碳汇农业激励机制，奖励碳汇农业、碳汇农机新技术新装备的研究、示范和推广工作。建立农业碳汇交易平台，拓宽融资渠道。制定碳汇农机标准，抢占先机。

五、主要研究成果

（一）以娄底为例，发展农业碳汇并进行碳汇交易做强做优南方山地丘陵地区农业产业的路径

1. 娄底发展农业碳汇的基础良好

娄底市位于中亚热带季风湿润气候区，兼具季风性和大陆性。其基本特征为气候温暖，四季分明；夏季酷热，冬季寒冷，秋季凉爽；春末夏初多雨，盛夏初秋多旱；积温较多，生长期长；气候类型多样，立体变化明显。年平均气温为 16.5～17.5℃。年降水量丰富，多年平均年降水量为 1300～1400 毫米，降水多集中在 4～7 月。年日照时数为 1410.4～1621.9 小时，年日照率为 34%～37%。光、热、水基本同季，对农业生产较为有利。境内溪水奔流，河网密布，水系完整，水量充沛。各河流水质较好，pH 值在正常范围内，离子总量不高，中等矿化度，适合于工农业生产和生活用水。植被覆盖率高，农作物和果树资源丰富，常见的有 78 科、168 属、2500 多个品种。适宜碳汇量大的落叶阔叶林等林木的生长。另外，娄底境内水稻种植面积大，农田土壤碳汇具有很大的潜力。

2. 娄底发展农业碳汇并进行碳汇交易存在的问题

（1）观念不强，对农业碳汇、碳汇交易知之甚少

从普通群众的层面看，还有很多提高生活水平与生活质量的需求没有满足。因此，他们更关注紧迫的现实问题的解决，而对碳达峰、碳中和、农业碳汇、碳汇交易这类问题关注度不高。

从领导干部层面看，目前一些领导干部缺乏对碳排放相关知识的了解和掌握，没有充分认识碳达峰、碳中和工作的重要性及紧迫性。在碳达峰的认识上存在不少误区，甚至认为碳达峰会影响经济发展，不能就压煤、降耗、

优化产业等相关政策进行深入测算和研究，没有科学分析碳达峰、碳中和与经济高质量发展之间的辩证关系。因此，缺乏推动碳达峰、碳中和的积极性，也没有考虑农业碳汇、碳汇交易等方面的问题。

人们对于温室气体的了解，绝大部分仅知道二氧化碳，知道森林可吸收二氧化碳释放氧气，而不知还有甲烷、氧化亚氮、氢氟碳化合物、全氟碳化合物、六氟化硫等五种。对于农业是温室气体的主要排放源之一，其中土壤和农用投入品（尤其是氮肥）对温室气体排放的贡献率约占64%等情况了解的人很少。对于土壤固碳、生物质炭技术是碳封存的有效手段等农业碳汇、碳汇交易了解的就更少了。

（2）机构不全，农业碳汇、碳汇交易人员缺乏

自提出碳达峰碳中和目标以来，湖南省成立了碳达峰碳中和专家咨询委员会，采取"1+8"架构体系。但娄底市相应的碳达峰碳中和机构在乡镇、村等基层尚未建立，碳达峰碳中和任务难以压实到乡镇、村等基层。

娄底基层农业、农机推广队伍很不稳定，多年来农业、农机技术推广处于停滞状态。近年来的机构改革不仅对农业部门人员进行了大幅的压缩，而且大部分工作人员是机构改革安置人员或军队转业干部，基本不懂农业技术，更不懂农业碳汇、碳汇交易。截至2022年底，娄底全市（包括市、县或区、乡或镇）共有农机化技术推广机构95个，其中公益一类67个、公益二类11个、参公管理17个。全市编制数175个，实有人数197人，其中正高4人、副高15人、中级86人、初级22人、其他70人；硕士2人、本科37人、大专64人、中专47人、其他47人；35岁以下6人、36～49岁149人、50岁以上42人。

（3）无农业碳汇发展规划，没有农业碳汇交易平台

农业碳汇发展规划的制定需结合地域特征，因地制宜，研究当地适合开发哪些碳汇。碳汇交易平台是一个变现的渠道，没有碳汇交易平台就无法交易，农民就不能获得农业碳汇收入，碳汇农业就难以推进。目前，娄底尚未制定农业碳汇发展规划，也没有农业碳汇交易平台。

（4）资金不足，融资困难

娄底普遍存在农业发展资金不足和融资困难的问题，主要原因包括：政府对于农业发展的扶持力度不够；农业风险高，金融机构不愿意提供贷款支持；项目体量较小，其他资金的参与意愿低；引资方式单一，外资引进较少。

3. 娄底发展农业碳汇并进行碳汇交易的路径

（1）成立机构，配备人员

参照福建省三明市的做法，成立娄底市碳达峰碳中和机构（例如娄底市

碳达峰碳中和领导小组），由市委或市政府主要领导担任组长，市直相关部门和各县市区为成员单位，统筹推进碳达峰碳中和、农业碳汇、碳汇交易工作。明确各成员单位相关职能，配备专职、专业人员。配备的人员可以是现有农业部门的在编在岗人员。机构、职能、人员需压实到乡镇、村级，做到横向到边、纵向到底。同时，参照《三明市林业碳票管理办法（试行）》和《三明市大型活动和公务会议碳中和实施方案（试行）》等规章制度，结合娄底实际，制定并发布实施农业碳汇相关规章制度。

（2）专业培训，多维宣传

一方面，对专职人员在碳达峰碳中和的法规、政策，农业碳汇知识，碳汇交易规则，农业碳汇项目选定、设计、审定、监测、核证程序及相关知识等方面进行专业培训，做到不仅懂，而且要会运用。另一方面，广泛利用广播、电视、网络、报纸、杂志、自媒体（微信、微博、抖音、快手）等传媒对碳达峰碳中和、农业碳汇、碳汇交易进行多维度、多角度的深入介绍和宣传，更新人们的观念，让全社会形成统一认知，使绿色低碳成为全社会追求的新时尚。

（3）因地制宜，精准划区

按照因地制宜、动态调整的原则，精准划定非碳汇区和碳汇区。

非碳汇区是指将现有的宜工、宜商、宜粮、宜果、宜牧、宜渔等区域划为非碳汇区，其余区域则为碳汇区。

因地制宜就是在尊重土地使用现状的前提下，宜工则工、宜商则商、宜粮则粮、宜果则果、宜牧则牧、宜渔则渔、宜碳则碳，不搞"一刀切"。

动态调整就是非碳汇区和碳汇区在一定条件下可以相互转化。例如：以前的杨梅林，现在因品种老化或产品滞销等原因，杨梅林经营者不愿继续经营杨梅了，可以在农业碳汇技术人员的指导下，采取对杨梅树进行嫁接其他碳值高的碳汇林木等方式进行碳汇改造而成为碳汇区。转化后，该经营者通过碳汇交易或农业碳汇产业来获得经济收益。通过动态调整，可以将原有的"果多伤农""瓜多伤农"等类似伤农事件逐步消除。

（4）对标交易，科学转型

以碳汇交易的相关要求为标准，根据实际情况对碳汇区进行科学规划、科学转型。

坡度陡峭的山地以培育人工原始林为方向，主要种植混交碳汇林，经济收益来自碳汇交易收入。同时，农机不用上山，也避免了农机"上山难"的问题。

坡度较缓的山地或丘陵地区的山丘可以种植碳汇木材林。例如，种植毛竹或桐子树等，经济收益既有碳汇交易收入，又有发展竹根雕刻、竹皮产品、竹篾织品、竹乐器、竹剩余物生物质工程材料、桐子生物柴油等农业碳汇产业收入，还带动了竹制品机械、桐子油加工机械等农机产业的发展，培育新的增长点和增长动能。同时，大多数农机不需"出门"和"下田"，消除了农机"出不了门、下不了田"的问题。

丘陵梯土可以种植碳汇木材林、碳汇藤或碳汇草。经济收益既有碳汇交易收入，又可通过发展替代塑料制品的木制品、藤制品、草制品等农业碳汇产业增加收入，还能带动木制品、藤制品和草制品机械等农机产业的发展，有利于培育农机产业新的增长点和增长动能。

路边、河边、田边、塘边可种植碳汇树或碳汇藤等；空闲田地和季节性闲田、闲地（例如：冬闲田等）可种植碳汇藤或碳汇草；空闲水面可放养浮游碳汇植物；销路不佳的经果林、蔬菜地可有序进行农业碳汇改造，消除"果多伤农""瓜多伤农"等伤农现象。

（5）多方发力，碳汇变现

参照全国碳市场、《农户森林经营碳汇交易体系》、厦门产权交易中心（农业碳汇交易平台）等碳汇交易规则，建立娄底农业碳汇数据信息库，提供农业碳汇项目的入库、查询、发布、交易等相关信息。针对不同的农业碳汇项目，从国际碳市场、全国碳市场、华东林权交易所、厦门产权交易中心、各级政府、企事业单位、社会团体、个人等方面多方发力，大力推介，将农业碳汇项目通过交易变现。另外，在条件成熟的情况下，可设立娄底市碳汇专项基金，成立碳汇服务机构，开发娄底区域性碳汇项目方法学，组建娄底市农业碳汇交易平台，直接为全市农业碳汇交易服务。

（二）以娄底为例，完善现有农机产业发展路径，做强做优南方山地丘陵地区农机产业

娄底农机产业发展从无到有、从小到大，已形成较完整的农机产业链，取得了阶段性的跨越。有的农机企业和农机产品成为细分领域的全国隐形冠军、行业先锋。由此可见，娄底现有农机产业发展路径是可行的、有效的。当然，也存在散、小、弱等问题，需要继续对现有路径进行改进或完善。对娄底现有农机产业发展路径进行改进或完善时，要注重以下方面：

第一，提高政治站位，加强组织领导，转变思想观念；

第二，加大农机科研、技术推广和购置补贴等方面的资金投入；

第三，加强人才引进和队伍建设；

第四，提升服务质量；

第五，运用政府采购工具，形成规模农机采购，促进农机企业转变思维观念；促进农机企业自主创新，掌握核心技术，增强产品科技含量；促进农机企业之间加强合力，分工协作；促进农机企业狠抓产品质量，提高售后服务水平；促进农机企业降低成本和售价，实现企业和农户双赢。

（三）以娄底为例，发展碳汇农机做强做优南方山地丘陵地区农机产业的路径

1. 娄底发展碳汇农机的有利条件

娄底农机产业基础雄厚，研发实力较强，产业结构逐步优化，已形成从研发设计到生产制造、从零部件到整机、从生产要素配置到产品销售等较完整的农机产业链，为发展碳汇农机打下了坚实的基础。娄底市双峰县有 67 家规模以上农机企业，2022 年 1—11 月实现农机工业产值 74.99 亿元。有微电机、微水泵、微耕机、旋耕机、小型联合收割机等特色农机品种 60 多个、型号 300 多种，涵盖粮食生产耕整、栽插、植保、收割、烘干等全过程。有一些农机企业和农机产品成为细分领域的全国隐形冠军、行业先锋。如劲松机械的碾米机、富瑞机电的玉米脱粒机等产销量在国内排名第一；碾米机、玉米脱粒机、电动风车等占据 60% 以上国内市场份额。

2. 娄底发展碳汇农机存在的问题

（1）缺乏碳汇农机意识

近些年来，随着极端天气的发生越来越频繁，大众对气候变化的了解逐渐加深，但对碳汇、农业碳汇以及农业碳汇与气候变化的关系，知道的较少，而对碳汇农机就基本没有这方面的意识。农机管理部门和农机生产企业对碳汇农业、碳汇农机的认识也不足，传统理念仍然是影响农机管理部门和农机生产企业的主流，导致对碳汇农业、碳汇农机的研究与投入严重不足。

（2）资金不足，融资困难

娄底农机产业普遍存在农业发展资金不足和融资困难的问题，其主要原因包括：政府对于农机产业的扶持力度不够；产业风险高，金融机构不愿意提供贷款支持；项目体量较小，其他资金的参与意愿低；引资方式单一，外资引进较少。

（3）无碳汇农机技术标准

标准关乎市场经济发展全局，也关乎企业的生存和发展，是经济活动与社会发展的重要技术支撑。谁掌握标准制定权，谁就掌握市场的主动权。无碳汇农机技术标准将严重制约娄底农机产业转型升级、农机生产自主科技创新等方面。

3. 娄底发展碳汇农机的对策

（1）大力宣传碳汇农机理念和知识，深化认识

政府需加大宣传教育力度，通过政府引导、专家论坛、知识讲座、示范

地现场答疑等多形式多方面来宣传碳汇农机，形成发展碳汇农机的良好氛围。尤其要注重对农机部门、高校、农机科研机构、农机生产企业的碳汇农机知识宣传，把碳汇农机作为农机产业转型升级、打造创新高地的重要抓手。

（2）多措并举，拓宽资金、融资渠道

在碳汇农机发展的初期，加大政府政策性资金的扶持和引导很关键。比如，可采用加大政府财政对碳汇农机项目的投入力度、加大税费减免和利息补贴力度等方面的措施进行扶持和引导。除政府财政支持以外，更需金融机构及市场资本的积极支持。比如，加大银行、保险、担保机构对碳汇农机项目的贷款、保险和担保力度，设立农业碳基金，积极拓宽农业融资渠道，广泛吸引多方资本投资。

（3）科研引领，研发碳汇农机

抓住农业碳汇产业尚处于起步发展的机遇期，紧盯农业碳汇产业发展需求，分区域、分品种、分环节全面摸清碳汇农机产业链（比如：竹制品、木制品、藤制品、草制品等）的短板，组织制定碳汇农机短板技术装备需求目录，加大政策牵引，引导科研院所、农机企业等向碳汇农机产业群产业链补短板聚焦用力，深化产学研融合，强化关键核心技术攻关，创新发展全程全面高质高效碳汇农机装备，形成娄底新的增长点和增长动能。

（4）制定碳汇农机标准，抢占先机

标准在推动科技成果转化、创新发展等方面具有引领作用。创新和标准结合，其产生的"乘数效应"可更好地推进科技成果的产业化转化，形成强大的增长动能，充分发挥创新驱动的作用。要发展碳汇农机，实现娄底农机产业做强做优，需推进标准先行战略，并将标准先行战略作为一项基础性、长期性和全局性的工作来推进，强化标准的引领作用和深入实施。建议在市政府的组织领导下，农机管理部门与技术标准部门等有关部门参与，充分发挥各高校、行业协会、科研机构、学术团体和农机企业等相关方面的作用，成立碳汇农机标准编制委员会，制定并执行娄底碳汇农机标准。

以农业碳汇、碳汇交易为抓手，做强做优我国南方山地丘陵地区农业、农机产业

实现农业现代化，我国南方山地丘陵地区是难度最大的区域之一。由于多种因素制约，该地区的农业、农机产业发展质量不高（本书中"农业"指广义上的农业，包括农、林、牧、副、渔业；"农机"指包括农、林、牧、副、渔业的所有机具）。随着对碳达峰、碳中和、碳交易等方面的了解和思索，笔者认为，推进我国南方山地丘陵地区农业、农机产业做强做优的路径之一是以碳中和为目标，发展农业碳汇并进行碳汇交易（本书中所有"农业碳汇"均指笔者提出的"农业碳汇"新概念：通过农、林、牧、副、渔业等农业经营管理活动，稳定和增加碳汇量的过程、活动或机制。此"农业碳汇"新概念比原有的"农业碳汇"涵盖范围更广）。

一、我国南方山地丘陵地区发展农业碳汇的有利条件

（一）农业碳汇基础多层多样，水热富足

南方山地丘陵地区的地形以丘陵山地为主，约占总面积的 70%～80%。年降水量丰富，水量与热量配合较好，是我国亚热带最湿润的地区。植被覆盖率高，有落叶阔叶林、落叶阔叶与常绿阔叶混交林、常绿阔叶林、荒草地、灌木林和次生林。农作物的品种多样，比如，湖南境内就有 135 种农作物，其中 106 种为主要农作物品种。该地区环境优美，但经济发展相对滞后。

（二）农业碳汇项目多点开花，成效良好

广西珠江流域再造林项目在环江毛南族自治县、苍梧县、隆林各族自治县、田林县实施。该项目造林面积 3008.8 hm²，树种有杉木、马尾松、枫香、荷木、大叶栎和良种桉等。项目计入期 30 年，即 2006 年 4 月 1 日—2036 年 3 月 31 日，预期可减排温室气体 CO_2 约 773842t 当量。2012 年 12 月 27 日成功获签第一监测期即 2006 年 4 月 1 日—2011 年 12 月 31 日的 131964t 碳汇减排量信用额度，获得收益 51.9 万美元，约 4 美元/t。项目在计入期 30 年内可

陆续为当地农民提供临时就业机会约数十万个，创造长期就业岗位约 40 个，预计有 5000 个农户能从出售碳汇、木质及非木质林产品获得收入。同时，项目的实施加强了广西生物多样性保护，促进了植被恢复，减轻了水土流失，改善了周边生态环境。

广东长隆碳汇造林项目位于五华县、兴宁市、紫金县和东源县的宜林荒山区，实施 866.7 hm² 碳汇造林。采用包括荷木、枫香、山杜英、火力楠、红锥、格木、黎蒴等 9 个乡土树种营造混交林。项目计入期 20 年，即 2011 年 1 月 1 日—2030 年 12 月 31 日，预计减排量 CO_2 34.7 万 t 当量，年均减排 1.7 万 t 当量。2015 年 5 月 25 日，项目第一核查期，即 2011 年 1 月 1 日—2014 年 12 月 31 日，预计产生 5208t 减排量由广东省粤电集团有限公司按 20 元/t 的单价购买。

四川西南部退化土地造林再造林项目，位于凉山彝族自治州的甘洛县、越西县、昭觉县、美姑县和雷波县，实施 4196.8 hm² 人工造林。造林树种有冷杉、云杉、华山松等。项目计入期 30 年，即 2011 年 8 月 1 日—2041 年 7 月 31 日，预计产生约 1206435t 温室气体减排量。该项目不仅能获得碳汇减排量收益，还能为当地农民提供 1.8 万余个创收机会，促进当地经济社会发展。

（三）多方研究探索农业碳汇，成果丰硕

以竹为例，竹能吸收二氧化碳，产生碳汇，进行碳汇交易。竹根能用来雕刻人物、动物、植物等系列工艺品。竹皮被杭州森瑞竹业公司开发成 200 多种产品，大件的有橱柜、文件夹、电脑包、拉杆箱等，小件的有水杯、手机壳、鼠标等。公司董事长表示，只要是塑胶、木材能做的，他都能生产出来。四川眉山云华竹旅公司不仅用竹篾织出了《隐形观音》《平安富贵》《后宫美女嬉戏图》等绘画作品，还推出了竹编坤包系列产品。竹乐器种类多，气鸣乐器有笛、簧、笙、箫等；弦鸣乐器分 3 种，即拨弦、拉弦、击弦，有古筝、胡琴、五弦琵琶、双排弦筚篌等；膜鸣乐器有鼓等；体鸣乐器有天桥快板、羌族口琴等。竹剩余物可以用于制作生物质工程材料等。

中南林业科技大学吴庆定教授带领的团队研发了基于农作物秸秆、竹木剩余物、杂草藤条等廉价碳汇资源的木质复合材料绿色产业链技术。包括廉价碳汇资源粉末化处理、木质粉末的 TD - GC/MS 分析、木质粉末温压成形工艺、木质粉末温压成形模具设计、木质粉末温压成形本构方程、木质粉末温压成形过程数值模拟、木质粉末温压成形结合机理、木质粉末温压成形工艺等。目前，已取得重大突破，开发了基于棉梗的 C - stalk/Cu 复合材料、基于杨木剩余物的木质滑动轴承等 3 项廉价碳汇资源高值清洁利用的典型技术

案例,一种纤维素纳米纤维板及其制备方法、一种草本植物基耐候隐身板材及其制备方法、一种金属化木质功能材料及其制备方法等15项廉价碳汇资源高值清洁利用核心发明专利已授权,应用前景被看好。

二、我国南方山地丘陵地区发展农业碳汇与交易存在的问题

(一) 观念不强,农业碳汇、碳汇交易知之甚少

从普通群众层面看,还有很多提高生活水平与生活质量方面的需求没有得到满足。比如,在我国没有用上抽水马桶的群众有5亿多人,没有坐过飞机的有10亿人。再比如,从城市基础设施建设看,暴雨后在"城中看海"的情况并不少见。包括城市"良心"下水道在内的对群众日常生活影响很大的基础设施建设,还有很多工作要做。因此,普通群众更关注的是解决现实问题,而对碳达峰、碳中和、农业碳汇、碳汇交易这类问题关注度不高。

从领导干部层面来看,目前很多领导干部缺乏对碳排放相关知识的了解和掌握,没有充分认识碳达峰、碳中和工作的重要性及紧迫性。在碳达峰的认识上存在不少误区,甚至认为碳达峰会影响经济的发展,不能就压煤、降耗、优化产业之相关政策进行深入测算、研究,没有科学分析碳达峰、碳中和与经济高质量发展之辩证关系。因此,缺乏推动碳达峰、碳中和的积极性,也没有考虑农业碳汇、碳汇交易方面的问题。

人们对于温室气体的了解,绝大部分仅知道CO_2,知道森林可吸收CO_2释放O_2,而不知还有甲烷、氧化亚氮、氢氟碳化合物、全氟碳化合物、六氟化硫等5种。对于农业是温室气体的主要排放源之一,其中土壤和农用投入品,尤其是氮肥对温室气体排放的贡献率约占64%等情况了解的人很少。对土壤固碳、生物质炭技术是碳封存的有效手段等农业碳汇、碳汇交易了解得就更少了。

(二) 机构不全,农业碳汇、碳汇交易人员缺乏

自提出碳达峰碳中和目标之后,政府各有关部门高效运作,迅速建立起了"1+N"的政策体系,体现了我国的制度优势,政令自上而下的传输效率很高。但相应的碳达峰碳中和机构在乡镇、村等基层还没有建立,碳达峰碳中和任务难以压实到乡镇、村等基层。

我国南方山地丘陵地区基层农业、农机推广队伍很不稳定,多年来农业、农机技术推广处于停滞状态。近年来的机构改革,不仅对农业农村部门人员进行了大幅的压缩,而且大部分工作人员是机构改革安置人员或军队转业干部,基本不懂农业技术,更不懂农业碳汇、碳汇交易。

（三）案例不多，农业碳汇、碳汇交易技术不精

农业碳汇、碳汇交易包含的范围广、需要掌握的知识多、技术含量高、运作经验要足。要求工作人员既要熟悉国外农业碳汇方面的动态，又要掌握国内农业碳汇方面政策法规；既要了解农业温室气体排放评估与减排技术，又要熟悉农业碳汇的途径和项目；既要熟悉农业碳汇的项目运作，又要掌握农业碳汇交易的技巧。这些方面的资料和案例在我国南方山地丘陵地区不多，农业碳汇、碳汇交易技术更谈不上精通。

三、我国南方山地丘陵地区发展农业碳汇与交易的路径

（一）成立机构，配备人员

在一定的行政区划（设区的市或县）范围内成立或完善碳达峰碳中和机构（湖南省已成立省碳达峰碳中和专家咨询委员会），强化相关职能，配备专职、专业人员。对于配备的人员可以是现有农业农村部门的在编在岗人员。机构、职能、人员需压实到乡镇、村级，做到横向到边、纵向到底。

（二）专业培训，多维宣传

一方面对专职人员在碳达峰碳中和的法规政策、农业碳汇知识、碳汇交易规则、农业碳汇项目一系列程序及相关知识等方面进行专业培训，使其做到不仅懂，而且会运用。另一方面广泛利用广播、电视、网络、报纸、杂志、自媒体（微信、微博、抖音、快手）等传媒对碳达峰碳中和、农业碳汇、碳汇交易进行多维度、多角度深入介绍和宣传，更新人们的观念，让全社会形成统一认知，使绿色低碳成为全社会追求的新时尚。

（三）因地制宜，精准划区

按照因地制宜、动态调整的原则，精准划定非碳汇区和碳汇区。非碳汇区是将现有的宜工、宜商、宜粮、宜果、宜牧、宜渔等区域划为非碳汇区，其余区域就是碳汇区。因地制宜是在尊重土地使用现状的前提下，宜工则工、宜商则商、宜粮则粮、宜果则果、宜牧则牧、宜渔则渔、宜碳则碳，不搞一刀切。

动态调整是非碳汇区和碳汇区在一定条件下可以相互转化。比如，以前的杨梅林，现在因品种老化或产品滞销等原因，杨梅林经营者不愿继续经营杨梅了，可以在农业碳汇技术人员的指导下，采取对杨梅树进行嫁接其他碳值高的碳汇林木等方式，改造成为碳汇区。转化后，经营者可通过碳汇交易或农业碳汇产业来获得经济收益。通过动态调整，可以逐步消除原有的"果多伤农、瓜多伤农"等类似伤农事件。

（四）对标交易，科学转型

以碳汇交易的相关要求为标准，根据实际情况对碳汇区进行科学规划、科学转型。坡度陡峭山地以培育人工原始林为方向，主要种植混交碳汇林，经济收益来自碳汇交易收入。同时，农机不用上山，也避免了农机"上山难"的问题。

在坡度较缓的山地或丘陵地区，可以种植碳汇木材林，比如种植毛竹或桐子树等。经济收益既有碳汇交易收入，又有发展竹根雕刻、竹皮产品、竹篾织品、竹乐器、竹剩余物生物质工程材料、桐子生物柴油等农业碳汇产业收入，还带动了竹制品机械、桐子油加工机械等农机产业的发展，培育新的增长点和增长动能。同时，大多数农机不需"出门"和"下田"，消除了农机"出不了门、下不了田"的问题。

在丘陵梯土，可种植碳汇木材林、碳汇藤或碳汇草。经济收益既有碳汇交易收入，又可通过发展替代塑料制品的木制品、藤制品、草制品等农业碳汇产业增加收入，还能带动木制品、藤制品和草制品机械等农机产业的发展，有利于培育农机产业新的增长点和增长动能。另外，在路边、河边、田边、塘边，可种植碳汇树或碳汇藤等。空闲田地和季节性闲田、闲地如冬闲田等可种植碳汇藤或碳汇草。空闲水面可放养浮游碳汇植物。销路不佳的经果林、蔬菜地进行有序农业碳汇改造，消除"果多伤农、瓜多伤农"等伤农事件。

（五）多方发力，碳汇变现

参照全国碳市场、厦门产权交易中心（农业碳汇交易平台）等碳汇交易规则，建立区域（设区的市或县）农业碳汇数据信息库，提供农业碳汇项目的入库、查询、发布、交易等相关服务。针对不同的农业碳汇项目，从国际碳市场、全国碳市场、华东林权交易所、厦门产权交易中心、各级政府、企事业单位、社会团体、个人等多方面渠道入手，大力推介，推动农业碳汇项目通过交易实现价值。

（六）科研引领，强优农机

在发展农业碳汇、碳汇交易的同时，要抓住农业碳汇产业尚处于起步发展阶段的机遇期，紧盯农业碳汇产业发展需求，分区域、分品种、分环节全面摸清相关农机产业链，比如竹制品、木制品、藤制品、草制品等的短板，组织制定农业碳汇农机短板技术装备需求目录，加大政策牵引，引导科研院所、农机企业等向农业碳汇农机产业群产业链补短板聚焦用力深化产学研融合，强化关键核心技术攻关。创新发展全程全面高质高效农业碳汇农机装备，形成新的增长点和增长动能，做强做优我国南方山地丘陵地区农机产业。

四、结语

　　碳中和已开始走进人们的生活。比如，通过营造碳汇林将某次会议产生的碳排放全部吸收，实现会议碳中和；通过新造竹林将某些公务出行产生的碳排放予以碳中和；通过出资造林将某次音乐演出所产生的碳排放予以碳中和；通过捐资造林将某次婚礼当天产生的碳排放全部吸收，实现"碳中和婚礼"。

　　可以预测，"禁塑"与碳中和将齐头并进，改变人们衣食住行等生活的方方面面。以后对于碳汇的需求量不断增加，碳汇的数量将严重不足，碳汇会成为稀缺品，且缺口巨大，在一个相当长的时期内不必担心过剩。因此，我国南方山地丘陵地区要紧紧抓住机遇，将农业碳汇、碳汇交易作为新的增长点和增长动能，形成优势产业，把农业、农机产业做强做优。此路径具有适应范围广、可复制推广、可长期运作和受益等特点，也可全国推广。

（原载《农业开发与装备》2023 年第 5 期）

政采助推南方山地丘陵地区
农机产业做优做强

因受自然环境、农业结构、经济条件与思想观念等多方面因素制约，我国南方山地丘陵地区农机产业的起步时间与发展速度明显滞后。相比而言，山地丘陵地区农机产业的发展任务更繁重、提升空间更广阔，是我国农业现代化加速发展的主攻方向。为此，本书试图探讨如何借助政府采购助推南方山地丘陵地区农机产业做优做强。

一、农机产业和政府采购农机的现状

自 2004 年国家实施农机购置补贴以来，在一系列强农惠农政策的推动下，南方山地丘陵地区农机产业呈现出加速发展的良好态势。一是农机产业初具规模。南方山地丘陵地区农机产业发展从无到有、从小到大，取得了阶段性的跨越，已形成从研发设计到生产制造、从零部件到整机、从生产要素配置到产品销售等较完整的农机产业链条。二是创新能力有所增强。近些年来，南方山地丘陵地区不断加强农机产业科技创新，大力推进成果转化应用，加快构建农机产业技术创新体系，创新能力逐步增强。三是产业结构正在优化。南方山地丘陵地区农机产业正围绕产品升级、补齐短板以及满足新需求等方面进行结构调整优化，努力实现本地区农机产品全系列的有效供给，持续优化产业结构。

近年来，南方山地丘陵地区通过政府采购的方式采购了一些农机，但由于采购农机项目少、交易金额不大，尚未形成规模性、大范围的采购局面。比如，湖南省娄底市近些年（2019 年 9 月 1 日至 2023 年 8 月 30 日）政府采购信息共6043 条，其中货物类采购农机项目仅 8 条，交易金额仅 4088.57 万元。

二、农机产业存在的问题

（一）部分农机企业主存在小富即安的思想，缺乏创新意识和危机意识

大多数农机企业沿用家庭作坊式生产、家族式管理，只生产在国家补贴

目录上的农机。在中央购置补贴和地方（省、市州、县市）累加补贴的强力支持下，企业利润较为可观，运转比较顺利。但笔者发现，部分农机企业主普遍存在小富即安的思想，逐渐丧失了进取心和创新意识。一旦没有各级购置补贴，企业将难以维持。

（二）多数农机企业缺乏核心技术，产品技术含量低

南方山地丘陵地区农机企业呈现散、小、弱的特点，工艺装备水平较低，缺乏研发资金，导致引不进也留不住高素质的产品研发人才，只好照抄照搬，搞短、平、快的产品，人家生产什么他们就仿制什么，高端农机基本依赖进口。

（三）农机企业之间未形成发展合力

在南方山地丘陵地区，企业之间鲜有协同合作，大多是一哄而上、同质化竞争和打价格战，致使半数以上的企业逐渐垮掉。

（四）农机售价高，企业售后服务意识差

调研发现，农机议价的主动权不由农户掌握，受补贴机具目录和生产厂家的限制，存在生产厂家、销售商家有意抬价的现象，致使财政补贴"缩水"、农户获益不多。此外，农户普遍反映农机销售商及维修网点严重不足，很难买到零配件，更时常联系不到维修网点和维修人员。

三、相关建议

笔者认为，可以借助政府采购促进中小企业发展等政策，助推南方山地丘陵地区农机产业做优做强。

（一）促使农机企业主转变思维观念

政府采购遵循公开透明原则、公平竞争原则、公正原则和诚实信用原则，以及对参加政府采购活动的供应商有较严格的条件要求。笔者认为，引导和鼓励农机企业多参与政府采购活动，或许可以促使农机企业主转变观念，实行变革，规范企业管理和运作。

（二）推动农机企业自主创新，提升产品科技含量

笔者认为，政府采购是促进自主创新的有效政策工具之一，对提升农机产业竞争力具有积极意义。通过政府采购，可以促使农机企业找准自身定位和突破口，提高科研投入，推进产学研融合创新，研发山地丘陵地区先进适用的农机。

（三）促进农机企业之间加强合作

近年来，政府采购领域出台了一系列支持中小企业发展的政策措施，为南方山地丘陵地区散、小、弱的农机企业"吃上"政府采购这块"大蛋糕"创造了不少机会。例如，给予联合体或者大型企业、中型企业相应的评审优惠政策，或许可以促使农机企业加强合作，形成以龙头企业为依托，众多产业链协同的小微企业为支撑的农机产业集群。

（四）推动农机企业以量换价，提高售后服务水平

在政府采购中，除单一来源采购外，其他采购方式的供应商均为多家，且产品价格是一项重要指标。笔者认为，具有规模性、竞争性的采购会促使农机企业愿意以量换价，降低农机售价，换取更多订单。此外，越来越多的地方开始对供应商进行履约评价。如果农机企业想要分政府采购这块"大蛋糕"，这将倒逼农机企业不仅要确保产品质量，而且要提供好售后服务。

（原载《中国政府采购报》2023 年 9 月 1 日）

发展碳汇农机，做强做优湖南农机产业

《联合国气候变化框架公约》将"碳源"定义为：向大气中释放二氧化碳的过程、活动或机制。相反，"碳汇"则是从空气中清除二氧化碳的过程、活动、机制。农业（本书的"农业"均指广义上的农业，包括农、林、牧、副、渔业）既是产生温室气体的碳源也是一个巨大的碳汇库，具有强大的碳汇能力，是我国实现碳达峰碳中和目标的重要力量。为了提高农业的碳汇效能，有必要研制以稳定或增加农业碳汇为目的的各种农机（本书的"农机"均指包括农、林、牧、副、渔业的所有机械设备）。笔者将此类农机称为"碳汇农机"，并提出"碳汇农机"的定义：即以稳定或增加碳汇量为目的，在农、林、牧、副、渔业等农业生产过程中所使用的各种机械设备，以及使用过程中不排放温室气体或使用过程中排放的温室气体相比以前有一定比例减少的各种农业机械。笔者认为，碳汇农机将成为农机创新的重要途径，为农机产业转型升级指明方向，为淘汰高碳排放农机提供技术支撑。为此，现从发展碳汇农机的角度，探讨做强做优湖南农机产业，以供参考。

一、湖南发展碳汇农机的有利条件

（一）成立"双碳"工作组织领导机构，"双碳"行动快速推进

1. 成立"双碳"工作相应的机构

湖南省成立了由省委书记、省长任组长的碳达峰碳中和工作领导小组，办公室设在省发展和改革委员会。2022年6月，成立了湖南省碳达峰碳中和专家咨询委员会，采取"1+8"架构体系。"1"即咨询委员会，由省"双碳"工作领导小组办公室负责组建、管理和运行；"8"即下设能源、工业、交通、城乡建设、农业、林业、减污降碳、资源综合利用8个专业委员会，分别由对口的行业主管厅局负责组建、管理和运行，统筹纳入专家咨询委员会体系。

2. 长沙市的"双碳"行动迅速

长沙是国家低碳试点城市，全方位、全地域、全过程地加强了生态环境保护，开展了近零碳、碳中和、率先达峰等相关低碳试点示范工作，强力建设"无废城市"，在绿色、循环、低碳发展方面迈出了坚实步伐。全国率先实现城市生活垃圾"全量焚烧"，首个全国规模化城市餐厨垃圾气化发电项目建成投产。入选了全国首批智能建造试点城市，强力推进绿色建筑项目建设，新开工绿色建筑占新开工建筑面积比例达100%。国Ⅰ、国Ⅱ、国Ⅲ老旧车辆全部完成注销、报废。积极推广清洁交通工具，巡游出租车、新能源公交车、网约车占比分别为100%、70.8%、70.5%，有超过200公里里程的轨道交通运营线路，有37家企业4824台车辆接入绿色货运配送平台。核心城区绿色交通出行占比接近75%。长沙拟通过构建产业转型、能源调整、建设节能、交通清洁、科技赋能、生态优化等六大体系的举措，推动实现"双碳"目标，建立绿色低碳循环发展的经济体系。

3. 绿色电力交易有序推进

绿色电力交易是指电力用户通过电力交易平台购买风电、光伏等可再生能源的绿色电力，并获得绿色电力证书，简称"绿证"。绿证是非水可再生能源发电量的确认和属性证明，也是消费绿色电力的唯一凭证。这是湖南落实碳达峰碳中和战略部署的重要举措。例如，2023年4月，国网湖南电力本部实现了日常办公"绿色电力"100%全覆盖。随后，国家能源集团和大唐等也实现了100%办公绿色用能，绿色电力消费理念不断深入到各企事业单位。此外，2023年6月29日在长沙举办的第三届中非经贸博览会，依托湖南电力交易中心的绿色电力交易机制，实现了展会绿色电力全覆盖和用电零碳排放，成为湖南首个"零碳展会"。

4. 农业碳汇项目取得进展

2023年7月20日，岳阳林纸发布公告称，公司全资子公司湖南森海碳汇开发有限责任公司与永州市零陵交通建设投资有限责任公司签署了《永州市零陵区碳汇资源项目开发合同》。合同履行期限为20年。零陵交通将提供零陵区约50万亩林地和约50万亩农田用于开发林业和农田碳汇项目。森海碳汇负责林业和农田碳汇项目开发过程中的所有投资及开发成本。碳汇资产交易成功后，零陵交通将根据合同约定向森海碳汇支付采购服务费并兑付相应奖励。岳阳林纸预计，在合同履行期内将产生不低于3000万元的净利润，这将对公司的经营业绩产生积极影响，进一步提高公司在碳汇市场的影响力，并提升公司的品牌形象。

（二）农机产业基础雄厚

全省农机产业从无到有、从小到大，取得了阶段性的跨越。已形成从研发设计到生产制造、从零部件到整机、从生产要素配置到产品销售等较为完整的农机产业链。全省现有农机生产企业 800 多家，其中规模以上企业 160 多家。例如，娄底市双峰县有 67 家规模以上的农机企业，2022 年 1 月至 11 月实现农机工业产值 74.99 亿元。有微电机、微水泵、微耕机、旋耕机、小型联合收割机等特色农机品种 60 多个、型号 300 多种，涵盖粮食生产耕整、栽插、植保、收割、烘干等全过程。有一些农机企业和农机产品成为细分领域的全国隐形冠军、行业先锋，如劲松机械的碾米机、富瑞机电的玉米脱粒机等产销量在国内排名第一；碾米机、玉米脱粒机、电动风车等占据 60％以上的国内市场份额。

（三）创新能力强

1. 湖南高校较多，部分大学优势专业非常突出，实力雄厚，创新成果多

全省有 131 所高校，其中 985、211 大学有国防科技大学、中南大学、湖南大学、湖南师范大学。比如，以中南林业科技大学吴庆定教授为首的研发团队，研发出了基于农作物秸秆、竹木剩余物、杂草藤条等廉价碳汇资源的木质复合材料绿色产业链技术，应用廉价碳汇资源开发出了基于棉梗的 C-stalk/Cu 复合材料、基于杨木剩余物的木质滑动轴承等碳汇产品技术案例，多项发明专利的应用前景看好，如：一种纤维素纳米纤维板及其制备方法、一种草本植物基耐候隐身板材及其制备方法、一种金属化木质功能材料及其制备方法等。

2. 农机产业科技创新能力持续增强

近年来，全省山地丘陵地区汇聚各种创新资源，加快构建农机产业技术创新体系，大力推进成果转化应用。例如，2008 年研发并率先推广了履带自走式旋耕机；2010 年研发了轻型履带拖拉机；2015 年研制出"砍荒整地一次完成，无人驾驶安全可控"的林下垦复机；2016 年研制开发了化肥同步侧深施肥机、生物质制肥机；2019 年改进了水稻有序抛秧机。近年来，全省还研制出了自动化育秧苗床、棉花采摘机、芦苇收割机、石灰撒施机、稻草编织机等十多种新农机具，农机创新研发能力已跃居全国前列。

3. 农机产业结构逐步优化

全省山地丘陵地区农机产业正在围绕产品升级、短板补齐以及满足新需求等方面进行结构调整优化，努力实现本地区农机产品全系列的有效、高质量供给。比如，现已逐步形成湖南农机产业园和长沙市、衡阳市、常德市、益阳市、娄底市、汨罗市"一园六区"的产业格局。产值过亿元的有中联重机、中天龙舟、湖南农友、郴州农夫等 20 家农机企业。主要产品有：轻型履带拖拉机、履带自走式旋耕机、农用运输机械、农用挖掘机、

粮食加工机械、耕整机、中小型水稻收割机等一批山地丘陵特色明显的机具。

二、湖南发展碳汇农机存在的问题

（一）对碳汇、农业碳汇、碳汇农机等方面认识不足

近年来，随着极端天气的发生越来越频繁，大众对气候变化的了解逐渐加深，但对碳汇、农业碳汇以及农业碳汇与气候变化的关系知之甚少，而对碳汇农机则基本没有这方面的意识。虽然碳汇交易目前在国际上进行得风生水起，有一些国外企业还来我国购买碳减排指标，但湖南的企业和农民对农业碳汇缺少深入认识，碳排放大的企业自愿购买农业碳汇的意愿不强，使得农业碳汇的推广受到阻碍，农民不能从中获得碳汇收益，也就没有发展碳汇农业的积极性。有的市州、县市区政府将工作重心主要放在当前的经济发展上，忽视了发展碳汇农业的重要性和紧迫性，免耕、少耕等农业固碳技术应用很少。有的农机管理部门和农机生产企业对碳汇农业、碳汇农机的认识也不足，传统理念仍然是影响农机管理部门和农机生产企业的主流，导致对碳汇农业、碳汇农机的研究与投入严重不足。

（二）地形复杂、农作物品种多、经营规模小对碳汇农业的发展和碳汇农机作业的制约大

全省地形条件较复杂，东、南、西三面环山，中部山丘隆起、岗盆珠串，北部平原湖泊展布，整体呈现由南向北逐渐低落分布的不对称马蹄状，山地丘陵地区面积占比为93.3%（其中，山区面积为64.6%、丘陵区为28.7%），平湖区占比为6.7%。湖南山地丘陵地区农业生产的共性特征是耕地小集中、大分散；平地大田少、坡地梯田多；作物种类多、经营规模小；普遍采用间作轮作与顺坡种植的方式。洞庭湖区农作物品种比较单一，其中，耕地面积的72.8%主要种植双季稻或从事特种水产养殖，耕地的27.2%种植麻类、棉花等经济作物。山地丘陵地区农作物种植多样化，特色产业丰富，除了种植水稻、玉米、黍类等粮食作物外，还大范围种植蔬菜、油菜、油茶、烟叶、茶叶、柑橘、药材等多种经济作物。农作物种类多，但农业经营规模小，碳排放和农业碳汇核算较为困难，对出台激励性政策、开展碳汇市场交易等都会产生较大障碍。

（三）缺乏明确、系统的碳汇农业激励政策，对农业的碳排放行为约束、监管少

市州、县市区对农业减碳低碳、发展碳汇农业等方面激励政策的表述有的不够具体、明了，有的分散在多个政策文件中，农民对相关政策的理解和

具体操作存在障碍。比如，对于采用减碳低碳的生产方式，农民不知能得到多少政策性奖励资金；对于产生的农业碳汇也不知如何才能获得实实在在的收益。同时，对于焚烧作物秸秆以及大量使用化肥、农药、杀虫剂、除草剂、农膜等高能耗高污染生产资料而导致大量温室气体排放、严重污染环境的行为惩罚、监管少，有的地方甚至自由放任。

（四）无农业碳汇发展规划，没有农业碳汇交易平台

目前，全省各地尚未制定具体的农业碳汇发展规划。农业碳汇发展规划的制定需结合地域特征、因地制宜，研究当地适合开发哪些碳汇项目。比如，当地若竹子资源丰富，就可以制定以竹林碳汇为主的规划。规划中应包括土地整合规模、参与农户数量、碳汇项目申报、碳汇核算登记、碳汇凭证颁发以及碳汇交易等内容。碳汇交易平台是一个变现的渠道，没有碳汇交易平台就不能交易，农民就不能获得农业碳汇收入，碳汇农业就难以推进。

（五）资金不足，融资困难

全省普遍存在农业发展资金不足和融资困难的问题，其主要原因是：政府对于农业发展的扶持力度不够；风险高，金融机构不愿意提供贷款支持；项目体量较小，其他资金的参与意愿低；引资方式单一，外资引进少。

（六）无碳汇农机技术标准

在当前日趋激烈的国际贸易竞争中，标准成为各国竞争的焦点之一。谁掌握标准制定权，谁就掌握市场的主动权，谁就有话语权。标准关乎我国市场经济发展全局，也关乎企业的生存和发展，是经济活动与社会发展的重要技术支撑。没有碳汇农机技术标准将对湖南农机产业转型升级、农机生产自主科技创新等方面产生不利影响。

三、湖南发展碳汇农机的对策

（一）大力宣传碳汇农业、碳汇农机理念和知识，深化认识

近些年来，虽然低碳经济逐渐受到人们的重视，但是碳汇农业获得的关注比较少，碳汇农业的宣传、教育乃至研究落后于其他低碳产业，碳汇农业的优势还没有被农民认识到。各级政府需加大宣传教育力度，通过政府引导、专家论坛、知识讲座、示范地现场答疑等多形式多方面来宣传碳汇农业、碳汇农机，形成发展碳汇农业、碳汇农机的良好氛围。可广泛组织开展党（团）员碳汇林（草）、入伍碳汇林（草）、新婚碳汇林（草）、亲

子碳汇林（草）等多种方式，增强群众的碳汇农业参与意识和参与体验，寓教于乐。尤其要注重对农机部门、高校、农机科研机构、农机生产企业的碳汇农机知识宣传，把碳汇农机作为农机产业转型升级、打造创新高地的重要抓手。

（二）建立健全碳汇农业激励政策，加强对农业碳排放行为的约束和监管

发挥制度创新的推动导向作用，制定发展碳汇农业、碳汇农机的系列扶持法规和政策文件，支持和引导碳汇农业、碳汇农机的发展。比如，明确碳汇农业、碳汇农机的重大项目和试点项目优先立项；优先保障碳汇农业、碳汇农机项目成为工作的重点；对碳汇农业、碳汇农机项目采取优先支付、优先贷款和税收减免等财政税收方式给予支持；对于大量使用化肥、农药、杀虫剂、除草剂、农膜等行为多监管、严惩罚；对于秸秆还田（地）以及使用有机肥、生物农药、生物杀虫剂、生物除草剂进行耕种的农户予以奖励；奖励碳汇农业、碳汇农机新技术新装备的研究、示范、推广工作。

（三）制定农业碳汇发展规划，建立农业碳汇交易平台

鼓励有条件的地区结合当地特征、因地制宜，制定农业碳汇发展规划。明确土地面积、农户数量、项目申报、碳汇核算登记、碳汇凭证颁发以及碳汇交易等各方面。在条件成熟时，建立农业碳汇交易平台，推动碳汇农业、碳汇农机产品开发，帮助农民增收增效。

（四）多措并举，拓宽资金融资渠道

在碳汇农业、碳汇农机发展的初期，加大政府政策性资金的扶持和引导很关键。比如，可采用加大政府财政对碳汇农业、碳汇农机项目的投入力度、加大税费减免和利息补贴力度等方面的措施进行扶持和引导。除政府财政支持以外，更需金融机构及市场资本的积极支持。比如，加大银行、保险、担保机构对碳汇农业、碳汇农机项目的贷款、保险和担保力度，设立农业碳基金，积极拓宽农业融资渠道，广泛吸引多方资本投资。

（五）制定碳汇农机标准，抢占先机

标准在推动科技成果转化、创新发展等方面具有引领作用。创新和标准结合，其产生的"乘数效应"可更好地推进科技成果的产业化转化，形成强大的增长动能，充分发挥创新驱动的作用。要发展碳汇农机，实现湖南农机产业做强做优，需推进标准先行战略，并将标准先行战略作为一项基础性、长期性和全局性的工作来推进，强化标准的引领作用和深入实施。建议在省政府的组织领导下，农机管理部门与技术标准部门等有关部门参与，充分发挥各高校、行业协会、科研机构、学术团体和农机企业等相关方面的作用，成立碳汇农机标准编制委员会，制定并执行湖南碳汇农机标准。同时，加大科技投入，聚焦技术瓶颈和短板问题，研发碳汇农机的核心技术装备，推动碳汇农机、农机产业高质量发展。

二、薯类加工机械研究、试制、试验篇

面对突发事件，因地制宜、
创造性地修改粉丝厂厂区规划设计方案

工作单位安排笔者为陕西省安康市一企业家规划设计一粉丝厂。在对其厂区进行了实地测量后，为其制作的厂区规划设计方案，如图1所示。

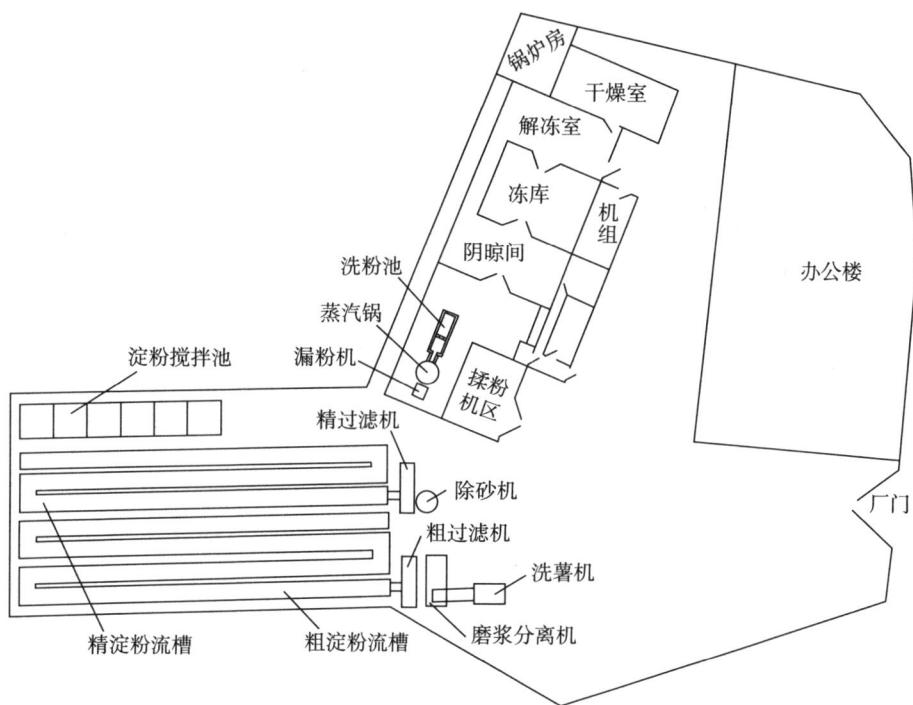

图1　厂区规划平面图

其红薯淀粉加工工艺流程是：红薯—洗薯机—磨浆分离机—粗过滤机—粗淀粉流槽—沉淀—除杂质—除砂机—精过滤机—精淀粉流槽—沉淀—除杂质—淀粉搅拌池—沉淀—除杂质—吊包—干燥。

红薯粉丝加工工艺流程是：红薯淀粉—揉粉机—漏粉机—蒸汽锅—洗粉池—齐粉—阴晾—冷冻—解冻—干燥。

笔者在现场指导厂区的基建过程中，因连续下了约半个月的强降雨，再加上当地特殊的地质条件，厂区附近突发较大范围的山体滑坡。山体滑坡区也延伸到了厂区部分区域，如图2所示。

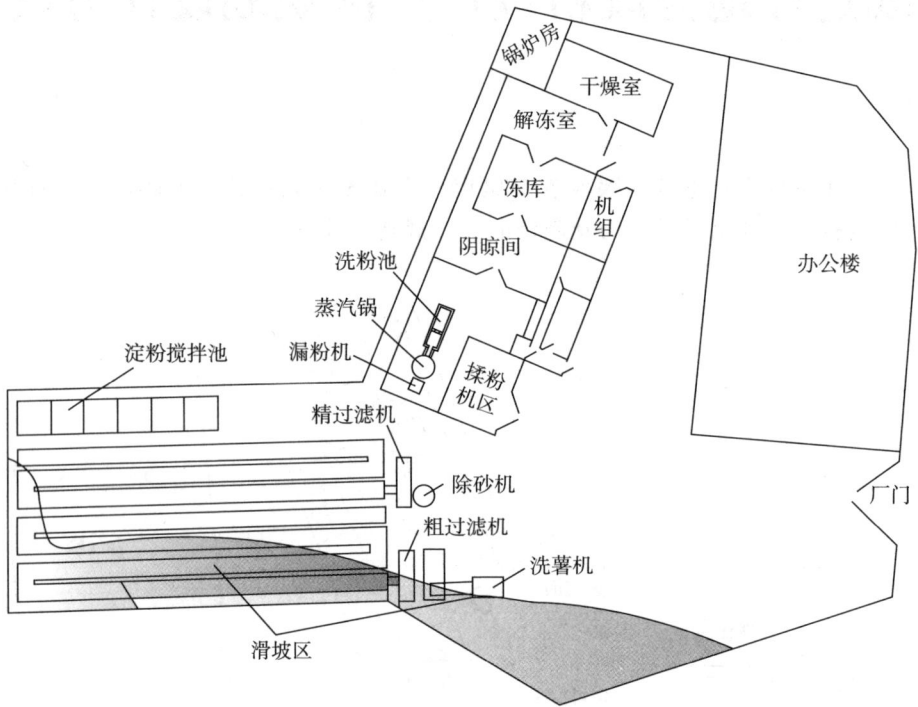

图2　厂区内滑坡区示意图

面对这种情况，陕西安康的厂方要求笔者修改厂区规划设计方案：所有的基建都不能建在滑坡区，以防止今后再发生滑坡。同时，由于厂区周围是其他民宅，因此不能再扩大厂区范围，也没有其他场地可以用于建粉丝厂。也就是说，只能在原厂区范围减去滑坡区面积的范围内建粉丝厂。

该厂区面积原本就不大，仅能容纳整个规划设计方案。由于山体滑坡的突发事件，厂区可使用面积又减少了一部分。如此严重的突发事件，还是第一次遇到。笔者经过认真思考后，设计了新的厂区规划设计方案，并立即组织实施。恰好赶在红薯收获季节以前，所有的基建、设备安装和调试工作都完成了。经过红薯淀粉和粉丝的实际生产检验，效果良好，达到了预期的设计目的。新的厂区规划设计如图3所示。

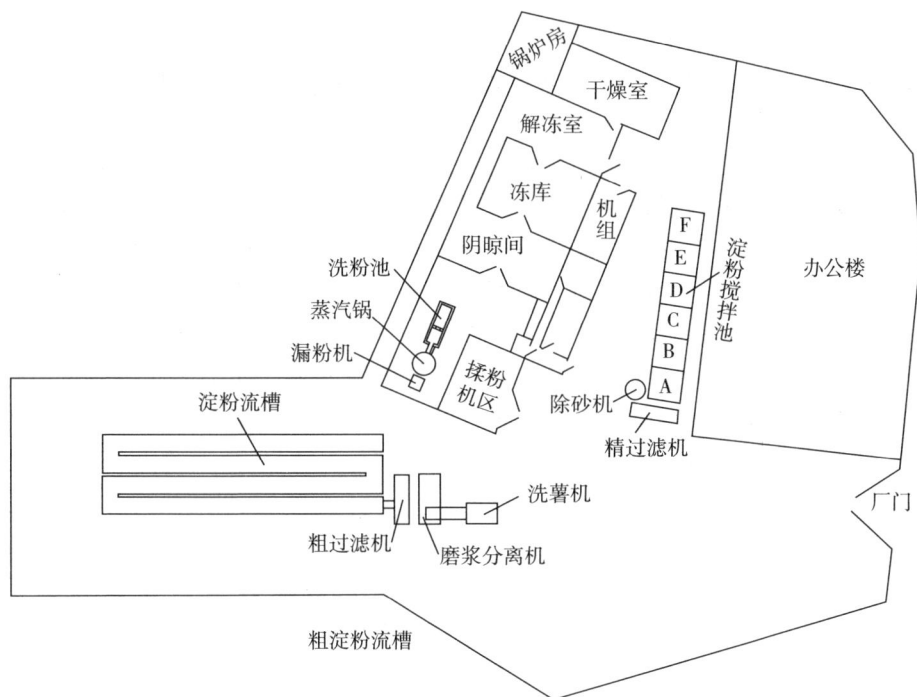

图 3　厂区规划平面图

新方案有以下创新点：

一是将原方案的精淀粉流槽去掉了，使用淀粉搅拌池来代替精淀粉流槽的功能。原方案中红薯淀粉加工工艺流程是：红薯—洗薯机—磨浆分离机—粗过滤机—粗淀粉流槽—沉淀—除杂质—除砂机—精过滤机—精淀粉流槽—沉淀—除杂质—淀粉搅拌池—沉淀—除杂质—吊包—干燥。新方案中红薯淀粉加工工艺流程改为：红薯—洗薯机—磨浆分离机—粗过滤机—粗淀粉流槽—沉淀—除杂质—淀粉搅拌池 A 池—水泵—除砂机—精过滤机—淀粉搅拌池—沉淀—除杂质—淀粉搅拌机搅拌—沉淀—除杂质—吊包—干燥。经生产检验，用新方案加工出的淀粉质量与原方案无明显区别，但每天红薯加工量比原方案少二到三成。

二是新方案比原方案减轻了工人的劳动强度。原方案中，湿淀粉块从粗淀粉流槽取出后放入淀粉包，工人需要将淀粉包搬到离地约 1.2 m 的除砂机平台，再将淀粉包提起约 0.8 m，将湿淀粉块倒入除砂机内，工人的劳动强度较大。新方案中，湿淀粉块从粗淀粉流槽取出后放入淀粉包，再倒入淀粉搅拌池 A，搅拌成淀粉浆后通过水泵注入除砂机。淀粉搅拌池 A 高出地面约

0.5 m，因此工人的劳动强度大大减轻。

三是节约基建成本，操作简单方便。采用新方案后，这带来了一个新的问题：如何将从精过滤机出来的淀粉浆输送到 B、C、D、E、F 淀粉搅拌池内，并且不妨碍淀粉搅拌机在 A、B、C、D、E、F 淀粉搅拌池之间的自由移动。经过多次思索和方案对比后，笔者决定采用水管输送的方案，如图 4 所示。此方案主要由水管和阀门组成，解决了从精过滤机出来的淀粉浆可以顺畅地流入生产实际中需要的各淀粉搅拌池，同时不妨碍淀粉搅拌机在各淀粉搅拌池之间的自由移动的问题。此方案实施简单易行，节省了基建成本和时间。生产时可以根据实际需要人工控制各阀门的开闭，操作简单方便。

粗淀粉流槽排水口首次采用了笔者设计的新方案（详见论文《淀粉流槽排水口新设计方案》），彻底解决了淀粉流槽排水口处淀粉流失的问题。经过实际使用检验，效果良好。

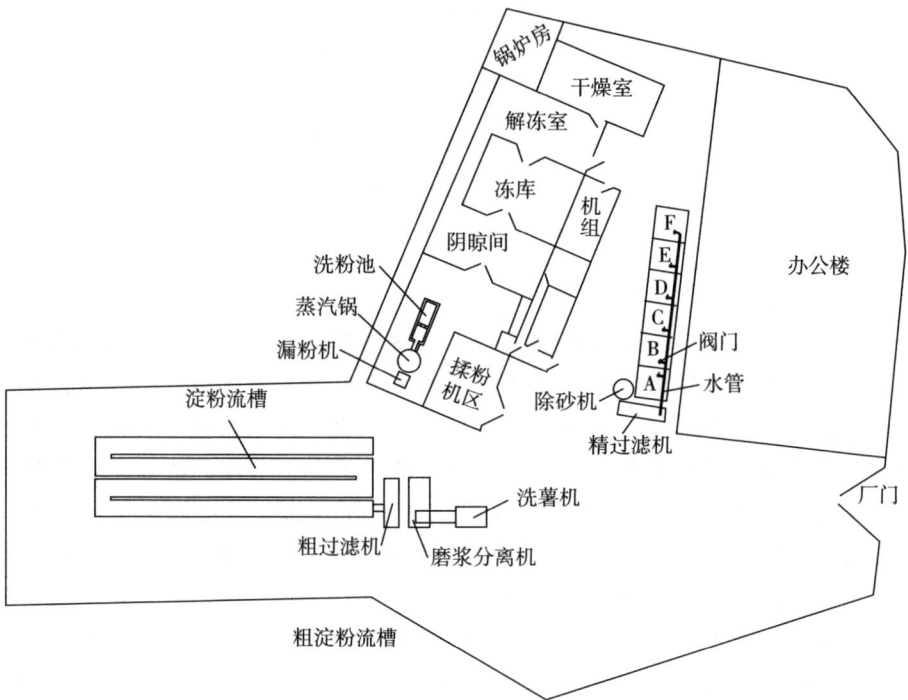

图 4　水管输送方案

淀粉流槽排水口新设计方案

　　笔者所在的单位（原娄底市农机研究所）是湖南省薯类加工机械的专业研究所。该所设计并承建的粉丝厂红薯淀粉加工工艺流程一般如下：红薯—洗薯机—磨浆分离机—粗过滤机—粗淀粉流槽—沉淀—除杂质—除砂机—精过滤机—精淀粉流槽—沉淀—除杂质—淀粉搅拌池—沉淀—除杂质—吊包—干燥。其中，粗、精淀粉流槽的布局示意图如图 1 所示。淀粉流槽排水口的设计如图 2 所示。使用时，在凹槽内嵌入木板，如图 3 所示，并在木板与凹槽的间隙中塞入棉布条，然后才能将淀粉浆液注入流槽。当淀粉浆液流到流槽排水口时，由于木板的阻挡而流不出去。持续向流槽内注入淀粉浆液，当淀粉浆液面超过木板的高度时，淀粉便沉淀在流槽底部，而废水从木板上沿废水流出口排出。

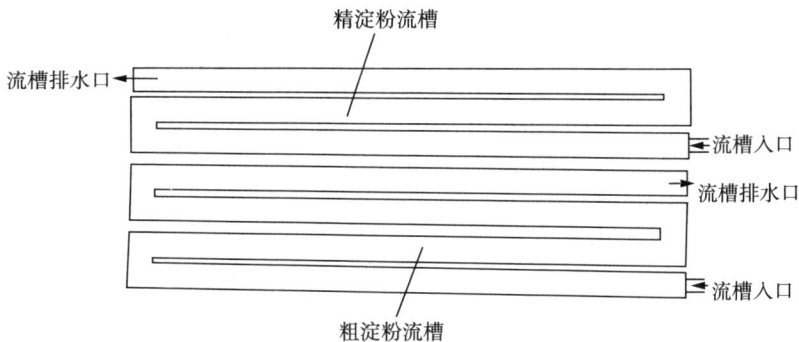

图 1　粗、精淀粉流槽的布局示意图

　　此方案的缺陷是：因木板与木板、木板与凹槽之间有间隙，即使用棉布条堵塞也不能完全堵住缝隙，导致部分淀粉从缝隙中流失，降低了淀粉产量。

　　笔者设计了一个新方案，很好地解决了这一问题。流槽排水口的新方案如图 4 所示。

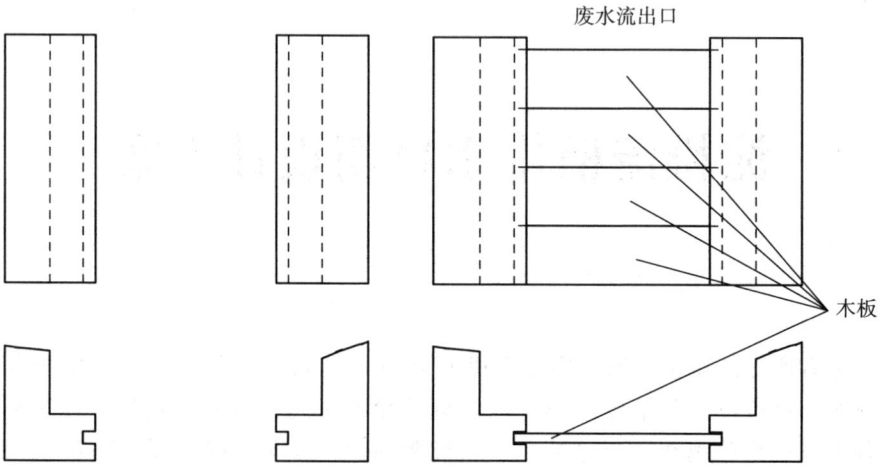

图 2　流槽排水口示意图　　　　　图 3　木板嵌入凹槽示意图

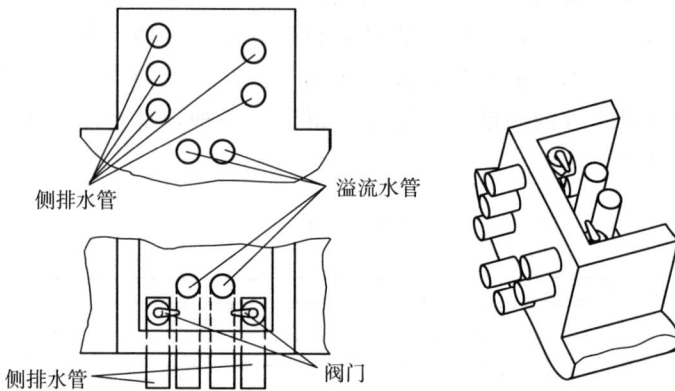

图 4　流槽排水口的新方案示意图

新方案主要由 5 根侧排水管和 2 根溢流水管组成。侧排水管由管体和阀门组成,其作用是在阀门关闭时阻止淀粉浆液流出流槽;当淀粉浆液经过一段时间沉淀,淀粉全部沉淀在流槽底部后,打开阀门,可快速将废水排出。溢流水管由立水管、弯头、横水管组成。横水管与弯头的一端用胶水固定连接,立水管与弯头的另一端不固定连接。在进行流槽建设时,将横排水管与弯头的固定连接体预埋于流槽底部的混凝土中,如图 5 所示。

使用时,先将立水管插入弯头的上端(立水管长度应确保立水管插入弯头后,立水管上端面与流槽的上沿相距约 50 mm,如图 5 所示),并将所有侧排水管的阀门关闭,然后开始往流槽里注入淀粉浆液。当淀粉浆液面超过立

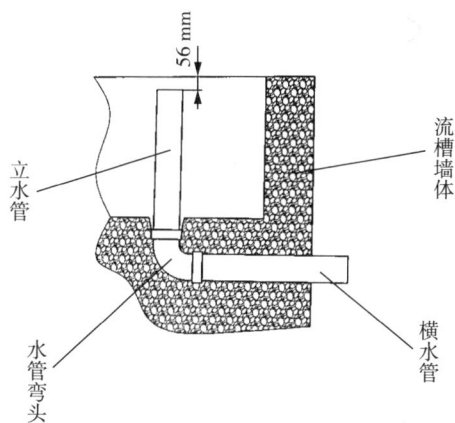

图 5　溢流水管示意图

水管的高度时，废水将通过立水管、弯头和横水管排出。另外，当淀粉浆液
经过一段时间沉淀，淀粉全部沉淀在流槽底部后，可将侧排水管的阀门打开，
排出废水。排废水的后期阶段，可根据情况将立水管拔出，这样不仅可加快
排废水的速度，而且能将流槽内的水排干净。

　　新方案彻底解决了淀粉从流槽排水口处流失的问题，且施工简单，使用
过程中操作方便。经实际使用检验，效果良好。

红薯淀粉生产工艺流程及设备

红薯属旋花科，一年生植物。我国南起海南岛，北至黑龙江，东自沿海各省份，西达云南、贵州等省区都有种植，种植面积约 670 万 hm^2，年总产量1亿t左右，种植面积和年总产量均居世界首位。由红薯深加工的产品，如红薯淀粉、粉丝等深受人民群众喜爱。现对红薯的营养价值，红薯淀粉质量标准，淀粉生产工艺流程，生产设备的主要结构、工作原理及其使用方法等方面进行阐述。

一、红薯的营养价值

（一）红薯的营养价值极高

红薯所含营养素甚为均衡，其中含有大量碳水化合物、多种维生素、蛋白质、脂肪和钙、磷、铁等矿物质元素。且红薯中的碳水化合物主要由麦芽糖和葡萄糖组成，而人的脑细胞最需要的营养就是葡萄糖。红薯的营养成分分析见表1所列：

表 1 红薯的营养成分（100 g 含量）

成分	含量	成分	含量
水分（g）	67.0	磷（mg）	20.0
蛋白质（g）	2.3	铁（mg）	0.4
脂肪（g）	0.2	胡萝卜素（mg）	1.31
碳水化合物（g）	29.0	硫胺素（mg）	0.12
热量（kcal）	127.0	核黄素（mg）	0.04
粗纤维（g）	0.5	烟酸（mg）	0.5
矿物质（g）	0.9	抗坏血酸（mg）	30.0
钙（mg）	18.0		

红薯的维生素含量丰富。维生素 B_1 和 B_2 是米、面的 2 倍；维生素 E 是小麦的 9.5 倍；维生素 A 和 C 含量也高，每 100 g 的红薯有 30 mg 的维生素 C，而米、面为零，所以常吃红薯可以提高血液中维生素 C 的含量，有预防坏血病的效果。

据原西南师范大学（现为西南大学）应用生物研究所测试，红薯含有 18 种氨基酸。红薯所含蛋白质虽不及米、面多，但蛋白质的氨基酸组成较全面，像米、面等主粮中很稀少的赖氨酸在红薯中却很丰富。

在红薯中具有最高保健价值的是大量黏液蛋白。这是一种由胶原和黏液多糖类物质组成的多糖和蛋白质混合物，像机器中的润滑油和抗磨消蚀剂一样，它可以保护呼吸道、消化道和关节腔里关节膜与浆膜腔的润滑。它能促进胆固醇排泄，减少脂类物质在动脉管壁上的沉积，保持动脉血管的弹性，减少高血压发生，防止肝、肾组织萎缩，预防胶原质缺乏症的发生，所以红薯是心脑血管疾病患者的理想食品。

红薯含有丰富的矿物质，如钙、钾、镁、钠、铁等。根据日本崛井正治报道，红薯钾含量高，可以减少因过量摄取盐分而带来的弊端。钾是保护心肌的重要元素，钙则具有镇定神经、帮助血液凝结等多种功能。由于红薯含钙量显著高于米、面，同时含磷、镁、碘等也较多，因此，食用红薯可以弥补过多食用米、面食而缺少这些元素的不足。

红薯含有大量的纤维素。1985 年在日本埼玉县川越市召开的"从医学和营养角度重新认识红薯"学术研讨会指出："红薯可以防治便秘和结肠癌。"因为纤维素在肠中不能被吸收，但可吸收大量水分，增加粪便体积，同时使粪便由干燥变软。另外，纤维素也能增加肠道蠕动，使粪便易于排出。同时高纤维的红薯还可使粪便在肠道中滞留的时间缩短，有利于减少胆固醇等有害物质在肠中被吸收的时间，对高血压病人尤其有利。

红薯中含有珍贵的 DHEA（脱氢异雄固酮）。这是美国费城医院从红薯中分离出的物质，对移植癌细胞的小老鼠注射 DHEA 后，小老鼠的结肠癌和乳腺癌均消失，而且寿命延长了 30%。从实际调查中发现，常食红薯的人较健康长寿，如中国广西巴马瑶族自治县素有长寿乡之称，那里的农民常年以红薯为主食。

健康人的体液呈弱碱性，一旦变成酸性则导致酸中毒，严重的酸中毒可以造成人的死亡。而红薯碱度高，食后有助于保持人体血液中的酸碱平衡，减轻新陈代谢负担。另外，红薯还有排泄体内过多的食盐（钠）的作用，对于患高血压的人，可说是一种较好的降血压食品。

（二）红薯具有很高的药用价值

我国传统中医与现代医学的临床试验都验证，红薯能止血、消炎、通便、降血糖、防癌，并能延年益寿。

二、红薯淀粉质量标准

（一）感官指标

色泽、气味正常，呈颗粒状或粉状，无杂质。

（二）理化指标

理化指标见表 2 所列。

表 2　理化指标

项目	要求	指标
水分　g/100 g	不得超过	15.00
酸度（消耗 0.1N Naol）毫升数/100 g	不得超过	25.00
灰分　g/100 g	不得超过	0.30
砷（以砷计）　mg/kg	不得超过	0.5
铅（以铅计）　mg/kg	不得超过	1.0
添加剂		按添加剂标准执行
黄曲霉素		按黄曲霉素标准执行

三、红薯淀粉生产工艺流程

红薯淀粉生产工艺流程如图 1 所示。

四、红薯淀粉生产设备的主要结构、工作原理及使用方法

（一）6DF - 2000 型洗薯机

1.6DF - 2000 型洗薯机的主要结构和工作原理

该机主要由机体、U 形槽、搅龙轴及叶片、电机及减速机、支撑架等组成，如图 2 所示。

该机的工作原理是：U 形槽内有搅龙轴，轴上焊有螺旋叶片，U 形槽上部布有两根高压水管，水管上规则布置一定数量的小孔。当红薯从进料斗进入 U 形槽内，在搅龙叶片的搅拌下，不断地相互碰撞、摩擦，再加上高压水

管的小孔中不断喷出高压水，红薯表面的泥沙即被冲洗干净。

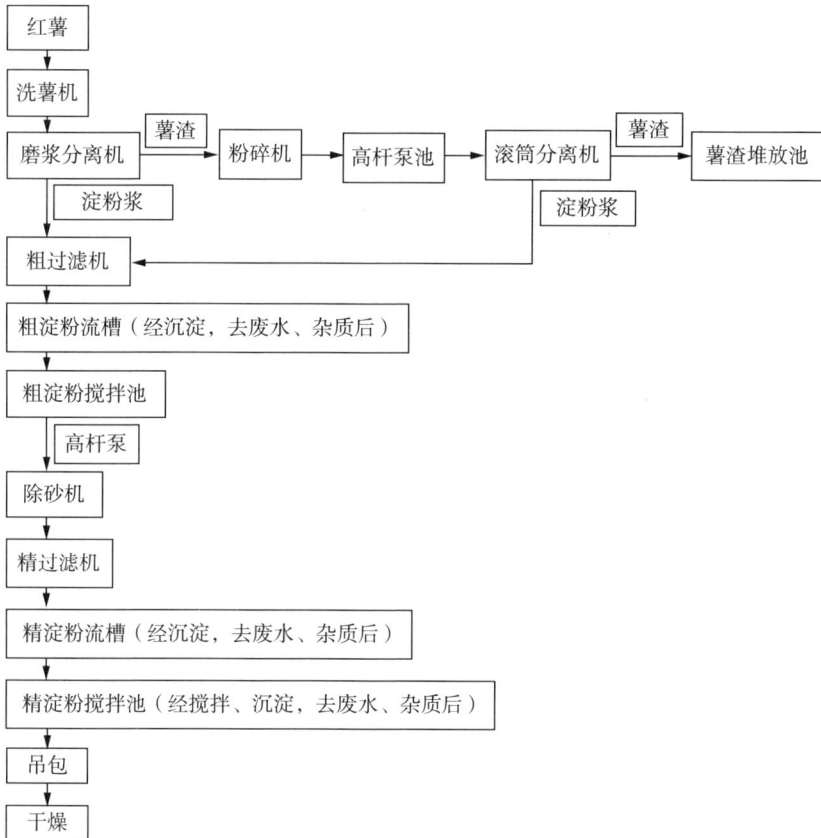

图 1 红薯淀粉生产工艺流程

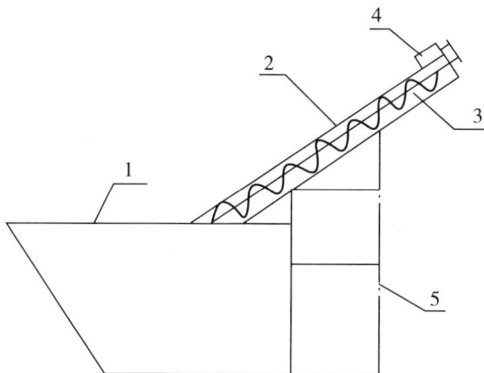

图 2 洗薯机结构示意图

1—机体；2—U 形槽；3—搅龙轴；4—电机及减速机；5—支撑架

2.6DF－2000型洗薯机使用方法

（1）必须保证供水充足，且水质清洁，水压保持在 $1 \sim 1.5\ kgf/cm^2$。

（2）每班应对运动的链条加润滑油。

（3）使用时，先将水阀门打开，使机体内加满水，再启动电机，然后才开始往洗薯机内加红薯。

（4）工作中，如发现电机转速明显降低，应及时停机，检查搅龙是否有卡死现象，并予以排除。

（5）工作中，如发现有碰撞异响，应立即停机检查，排除故障后再开机工作。

（6）每班应及时清除洗薯机机体底部的泥沙。

（二）6DF－1000型磨浆分离机

1.6DF－1000型磨浆分离机的主要结构和工作原理

该机主要由进料斗、电机、机架、搅龙及叶片、出渣口、筛网架及筛网、出浆口、机座、磨辊等组成，如图3所示。

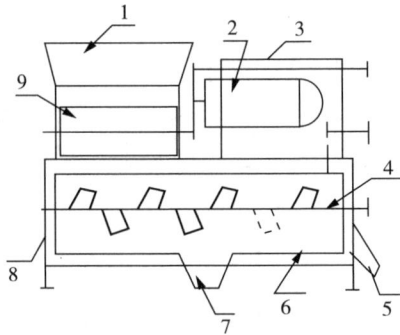

图3　磨浆分离机结构示意图

1—进料斗；2—电机；3—机架；4—搅龙轴；

5—出渣口；6—筛网架；7—出浆口；8—机座；9—磨辊

该机的工作原理是：红薯加入进料斗与磨辊接触，在磨辊齿的高速切削下，切碎成细微丝状，再进入由筛网架、筛网、搅龙及叶片等组成的分离腔与水混合，通过搅龙叶片的推送作用，淀粉浆液经反向旋转的筛网过滤，从出浆口流出，薯渣则从机尾出渣口排出。

2.6DF－1000型磨浆分离机使用方法

（1）先打开水阀门向机内注水，再启动电机。

（2）调整红薯喂入量：调节洗薯机的转速，使之达到 $20\ kg/min$ 为佳，最大喂入量不得超过 $40\ kg/min$，否则会堵塞分离腔。

（3）检查出渣口薯渣的干湿情况，如果薯渣太湿，可用手堵住出渣口，待薯渣较干时松开手，让其自行排出。

（4）工作中，若发现浆液中有粗薯渣，则是筛网损坏，应及时停机，修补或更换筛网。

（5）如果红薯喂入量过快或分离搅龙皮带轮打滑，会导致分离腔内堵塞，应立即停机，用手转动搅龙皮带轮，将薯渣排出后再开机。

（6）当水量过小时，应检查水压是否足够及喷水管是否堵塞。

（7）每工作一天，需打开机盖对筛网和搅龙叶片进行清洗，防止筛网上黏附薯渣，堵住筛网孔眼。

（三）6DF－2000 型粗（精）过滤机

1. 6DF－2000 型粗（精）过滤机的主要结构和工作原理

该机主要由电机、进料斗、机架、筛网架及筛网、出渣口、出浆口等组成，如图4所示。粗过滤机与精过滤机的主要结构相同，其区别在于粗过滤机的筛网为60目，精过滤机的筛网为80～100目。

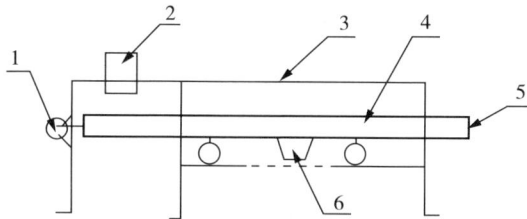

图 4　粗（精）过滤机结构示意图

1—电机；2—进料斗；3—机架；
4—筛网架；5—出渣口；6—出浆口

该机的工作原理是：电机经传动机构带动由筛网架和筛网等组成的分离腔往复振动，淀粉浆液从进料斗进入往复振动的分离腔后，经筛网过滤后，淀粉浆液从出浆口流出，薯渣则从尾部出渣口排出。

2. 6DF－2000 型粗（精）过滤机使用方法

（1）开机前应检查各紧固螺栓是否松动，皮带是否已张紧。

（2）必须先开机空转，再注入淀粉浆液。

（3）工作中如发现淀粉浆液太浓，分离效果不好，可打开水阀门适量加入清洁的水，使淀粉浆液变稀，提高分离率。

（4）工作中如有异常声音，应立即停机检查，排除故障后再开机运行。

（5）工作结束前，应先打开水阀门，用水将筛网清洗干净后方可停机。

（四）6DF－2000型滚筒过滤机

1. 6DF－2000型滚筒过滤机的主要结构和工作原理

该机用于经磨浆分离机出渣口排出的薯渣内淀粉的二次回收，提高出粉率。它主要由进料斗、机座、电机、出渣口、搅龙轴、出浆口、筛网架及筛网等组成，如图5所示。

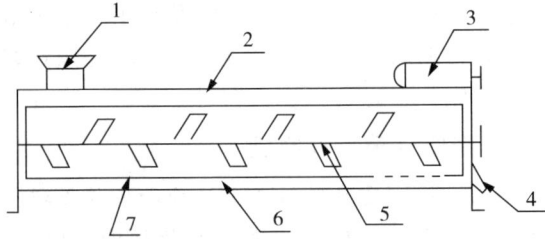

图5　滚筒过滤机结构示意图

1—进料斗；2—机座；3—电机；

4—出渣口；5—搅龙轴；6—出浆口；7—筛网架

该机的工作原理是：经粉碎机粉碎的薯渣与一定比例的水混合后，从进料斗进入由筛网架及筛网、搅龙及叶片等组成的分离腔，通过搅龙叶片的推送作用，淀粉浆液经反向旋转的筛网过滤，从出浆口流出，薯渣从尾端的出渣口排出。

2. 6DF－2000型滚筒过滤机使用方法

（1）使用时，先打开进水阀门向机内注水，再开机。

（2）检查出渣口薯渣的干湿情况，如果薯渣太湿，可用手堵住出渣口，待薯渣较干时松开手，让其自行排出。

（3）工作中，若发现浆液中有粗薯渣，则是筛网损坏，应及时停机，修补或更换筛网。

（4）分离搅龙皮带轮打滑，会导致分离腔内堵塞，应立即停机，用手转动搅龙皮带轮，将薯渣排出后再开机。

（5）每工作一天，需打开机盖对筛网和搅龙叶片进行清洗，防止筛网上黏附薯渣，堵住筛网孔眼。

（五）6DF－2000型除砂机

1. 6DF－2000型除砂机的主要结构和工作原理

该机主要由电机、搅龙轴及叶片、机体、排砂口、机脚、出浆口等组成，如图6所示。

该机的工作原理是：淀粉浆液在搅龙叶片的旋转带动下，快速在机体内旋转形成旋流，淀粉浆液中的泥砂等杂质在旋流及重力的作用下，逐渐沉积于机体的锥形底部，从排砂口排出；经除砂的淀粉浆液从出浆口排出。

2. 6DF - 2000 型除砂机使用方法

（1）工作时，关闭出浆口及排砂口阀门后，将进水阀门打开，待水盛至机体的1/3 时，再启动电机开始工作，边加水边加湿淀粉块。

（2）工作中应酌情控制进水阀门，料水比一般在 1：3～1：5 为宜。搅拌一段时间后，关闭电机静置几分钟，可以从观察窗中看到淀粉分层。这时打开出浆口阀门，放出淀粉浆液。最下层的是夹杂泥砂和杂质的小部分淀粉浆液，可从排砂口阀门排出。然后再加水、湿淀粉块，进行新一轮除砂作业。

（3）工作时，加湿淀粉块应均匀，不应有大块的湿淀粉块加入，以免砸坏搅龙叶片。

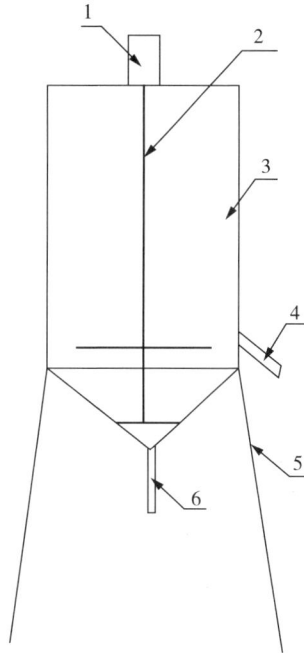

图 6　除砂机结构示意图

1—电机；2—搅龙轴；3 机体；
4—出浆口；5—机脚；6—排砂口

（4）使用中，如发现有碰撞等异响，应立即停机检查，待修复后方可开机使用。

（5）在工作过程中，如果突然停电或出现机械故障需停机，则应立即打开出浆口和排渣口阀门，将淀粉浆液用其他容器盛装，以免停机时间过长导致淀粉沉淀，裹紧搅龙而无法开机。

（6）每天作业后，需清洗整机：打开进水阀门，开动电机搅拌，几分钟后打开出浆口和排渣口阀门；反复清洗几次，直到清洁为止。

（六）6DF - 500 型淀粉搅拌机

1. 6DF - 500 型淀粉搅拌机的主要结构和工作原理

该机主要由机架、减速箱、电机、丝杆、搅拌头等组成，如图 7 所示。

该机的工作原理是：电机由一级皮带、两级齿轮减速至主轴丝杆，丝杆带动搅拌头旋转，从而将精淀粉搅拌池内的淀粉与水搅拌混合。当搅拌池内的淀粉全部搅拌起来后，将丝杆升至液面以上，并取下搅拌头。淀粉浆液在池内静置沉淀，使淀粉中的杂质分层分布，达到去除杂质的目的。

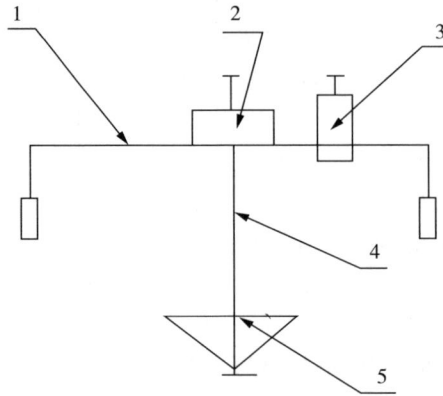

图 7　淀粉搅拌机结构示意图

1—机架；2—减速箱；3—电机；

4—丝杆；5—搅拌头

2. 6DF - 500 型淀粉搅拌机使用方法

（1）开机前，将搅拌头置于淀粉池中心，使四周的空隙大致均匀。

（2）先松开两个止动螺丝，再开机，搅拌头下降，使搅拌头进入液面一段深度后停机，拧紧两个止动螺丝，然后开机搅拌。搅拌一段时间后，将搅拌头降至所需位置，再搅拌。最后，将搅拌头降至最低位置，搅拌一段时间，至淀粉全部搅拌起来为止。

（3）搅拌结束后，迅速旋松止动螺丝使电机反转，丝杆迅速上升，当搅拌头高于液面一段距离时，方可停机。

（4）当机架需作横向移动时，须先将搅拌头取下，并分别将滚轮支腿上的换向插销旋转 90°插入另一销孔，即可改变方向。

（5）丝杆下部粘上的淀粉需及时清理；每班工作结束时也要清理一次，必要时可涂上少许食用油。

（6）操作人员应扎好袖口、发辫；运转过程中严禁将手接触丝杆、搅拌头等运动部件，以免发生事故。

五、结论

此红薯淀粉生产工艺流程及其设备工艺先进、设计合理、出粉率高、操作简单、性能稳定，生产出的红薯淀粉纯净精白，无污染，达到国家标准，且符合出口要求。

振动式淀粉脱水机的研究

一、现有淀粉脱水的方法及其优缺点

国内外对薯类淀粉脱水进行了一系列研究，主要有布包空沥法、离心脱水法和真空脱水法等三种方法。布包空沥法是将需脱水的淀粉块包于洁净的白布内，悬挂在空中，以沥去淀粉中的水分；经 3～6 小时后，即完成淀粉脱水，将淀粉块从布包中取出。此法不需要设备和能源消耗，通过人工即可达到淀粉脱水的目的，但存在效率低，场地占用大，吊包成型的淀粉块不便于堆码贮存等缺陷。离心脱水法是采用 WG-800 型和 WG-1200 型卧式自动刮刀离心脱水机等设备，依靠机械旋转的离心力将淀粉的游离水脱除大部分。操作时在离心机篮的多孔壁面上衬以法兰绒或帆布滤布，淀粉乳泵入篮内，主轴以每分钟 900～1000 转速度旋转，借助离心力作用，使水分通过滤布排出，淀粉留在篮内，刮刀将其从篮壁刮下，送往干燥；此法具有效率高的优点，但存在设备购买、维护、使用成本高，能源消耗大，操作过程烦琐，操作过程中安全隐患较高等缺陷。真空脱水法采用转鼓式真空过滤机等设备对淀粉进行脱水；其设备有一水平转鼓，鼓壁开孔，鼓面上铺以支承板和滤布，构成过滤面，过滤面下的空间分成若干隔开的扇形滤室，各滤室接通真空系统；过滤时，转鼓下部沉浸在淀粉液中缓慢旋转，浸没在淀粉液内的滤室与真空系统连通，水分被吸出过滤机，淀粉颗粒则被吸附在过滤面上形成淀粉层；滤室随转鼓旋转离开淀粉液后，继续吸去淀粉层中的水分，当吸附的淀粉层达到一定厚度时，调整好刮刀的角度，使刮刀刮下适当厚度的淀粉层而又不影响真空脱水的连续进行；此法具有效率高、能连续不断工作等优点，但存在设备购买、维护、使用成本很高，电力消耗大，操作过程烦琐，操作技能要求高等缺陷。

二、研究振动式淀粉脱水机的目的

现有薯类淀粉的脱水和干燥环节中存在效率低、场地占用大或设备投资多、操作过程烦琐、能耗大等缺陷，如果应用气流干燥，则还有噪声大、淀粉粉尘污染严重等有损劳动者健康的危害。因此，研发一种结构简单、操作方便、场地占用少、设备投资少、高效节能的淀粉脱水机很有必要。为此，笔者设计了一种振动式淀粉脱水机并获得了专利授权（专利号：ZL 201720088053.2）。

三、振动式淀粉脱水机的结构

振动式淀粉脱水机的结构示意图如图1所示，由淀粉脱水斗1（其四周的斗壁上规律分布很多小孔且斗壁可拆开，方便取出脱水后的淀粉块）、振动泵2、立柱3、减振垫4、螺母5、底座6等组成。振动泵2与淀粉脱水斗1的底板固定连接，立柱3的上端固定连接在淀粉脱水斗1的底板上，下端通过减振垫4和螺母5固定连接在底座6上，底座6可根据实际需要，既可固定在某处也可不固定而成为可移动式。

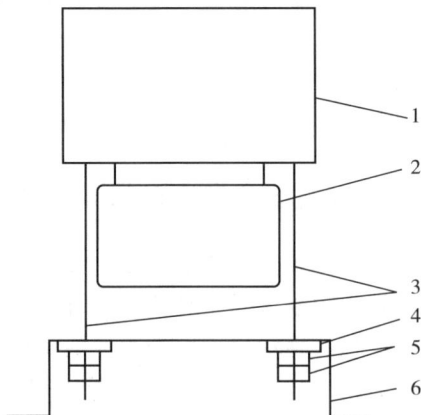

图1 振动式淀粉脱水机的结构示意图

1—淀粉脱水斗；2—振动泵；3—立柱；
4—减振垫；5—螺母；6—底座

另外，振动式淀粉脱水机也可根据实际需要制作成如图2和图3所示的结构形式。

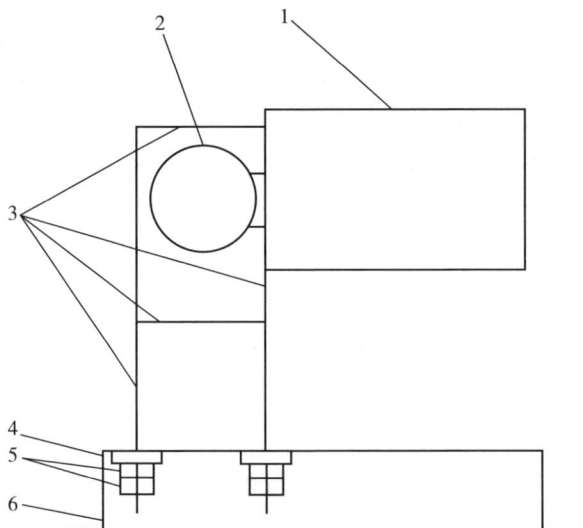

图2 振动式淀粉脱水机的第二种制作形式

1—淀粉脱水斗；2—振动泵；3—立柱；4—减振垫；5—螺母；6—底座

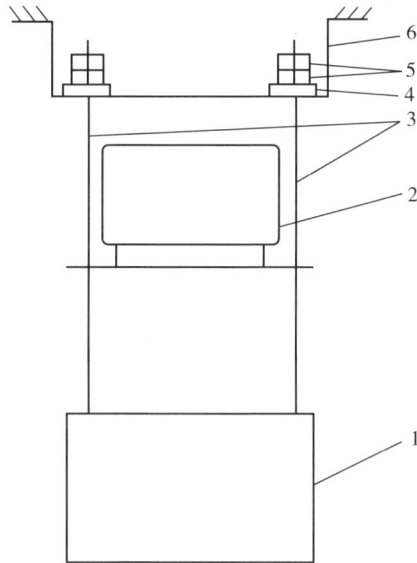

图 3 振动式淀粉脱水机的第三种制作形式
1—淀粉脱水斗；2—振动泵；3—立柱；
4—减振垫；5—螺母；6—底座

四、振动式淀粉脱水机的工作原理

振动式淀粉脱水机的工作原理是：含水量较高的淀粉块加入淀粉脱水斗1，在振动泵的振动作用下，大小不一的淀粉颗粒相互高速碰撞，使淀粉颗粒的间隙不断被填满，将水分挤出，从而使淀粉脱水并成型为淀粉脱水斗1内壁形状的块状，达到方便搬运和贮存的目的。

五、振动式淀粉脱水机应用于淀粉脱水和干燥的操作方法

将大小合适的棉布摊开放入淀粉脱水斗1内，用以隔离淀粉与淀粉脱水壁粘结。

接通电源，启动振动泵2。

将需脱水的淀粉块视情况断续加入淀粉脱水斗1内。

当淀粉量填满淀粉脱水斗1，且达到所需脱水要求（淀粉含水量在40%以下）时，断开电源，使振动泵2停止工作。

拆开脱水淀粉斗1，剥离脱水后淀粉块外表面的棉布，粉碎淀粉块后，即可用于加工粉丝、粉皮等淀粉制品。对于需贮存较长时间的淀粉，将脱水后的淀粉块装入塑料袋内，用真空封口机抽出袋内空气并封口，然后运至仓库贮存。

在晴天取出部分脱水后的淀粉块，经晾晒至干燥，用于粉丝、粉皮等淀粉制品生产时调节干湿度。

六、结论

振动式淀粉脱水机结构简单、操作方便、占地面积小、设备投资少、高效节能。该机与真空封口机配套，应用独创的脱水和干燥工艺流程能替代现有薯类淀粉（粉丝）厂设备投资大、操作过程烦琐、能耗高的脱水和干燥工艺流程，能大大节省资金，降低能耗和成本，显著提高企业的市场竞争力。

分层液体定量量取装置的研究

一、研究分层液体定量量取装置的意义

在淀粉生产过程中，需量取已分层的淀粉液进行检测、分析。国内外对不同深度分层液体量取、取样等方面进行了很多研究，也生产了很多设备与装置。但是，现在缺乏一种结构简单，操作容易，便于在淀粉生产中定量量取不同深度的分层淀粉液进行检测、分析的装置。因此，设计一种结构简单，操作容易，能用于淀粉生产中对不同深度分层液体进行定量量取的装置很有必要。为此，笔者设计了一种分层液体定量量取装置并获得了专利授权（专利号：ZL 201720487579.8）。

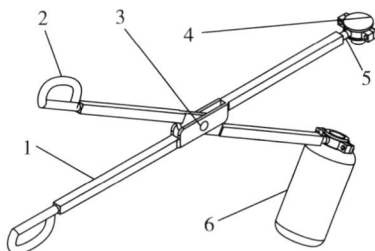

图 1　分层液体定量量取装置的结构
1—操作柄甲；2—操作柄乙；3—销；
4—密封盖；5—夹持组件；6—量取瓶

二、分层液体定量量取装置的结构

分层液体定量量取装置的结构如图 1 所示，由操作柄甲 1、操作柄乙 2、销 3、密封盖 4、夹持组件 5、量取瓶 6 等组成。

三、分层液体定量量取装置的工作原理

分层液体定量量取装置（图 1）销 3 固定安装于操作柄甲 1 和操作柄乙 2 的相应孔内，操作柄甲 1 和操作柄乙 2 能以销 3 为中心进行开、合操作。密封盖 4 与量取瓶 6 的瓶口配对制作，密封盖 4 塞入量取瓶 6 的瓶口时，能起密封作用。夹持组件 5 固定夹持住密封盖 4 和量取瓶 6 的夹持部位，夹持组件 5 的螺杆旋入操作柄甲 1 和操作柄乙 2 的内螺纹中，操作柄甲 1 和操作柄乙 2 进行开、合操作时能使密封盖 4 从量取瓶 6 的瓶口内拔出、塞入。使用时，将密封盖 4 塞入量取瓶 6 的瓶口后，伸入需取样的淀粉液内，将密封盖 4 从量取瓶 6 的瓶口拔出，淀粉液即从瓶口流进量取瓶 6，再将密封盖 4 塞入量取瓶 6 的瓶口并移出淀粉液，取出量取瓶 6 内的取样液，即可进行检测、分析。

四、分层液体定量量取装置的使用

分层液体定量量取装置的各部件：操作柄甲 1（图 2）、操作柄乙 2
（图 3）、销 3（图 4）、密封盖 4（图 5）、夹持组件 5（图 6）、量取瓶 6（图 7）。

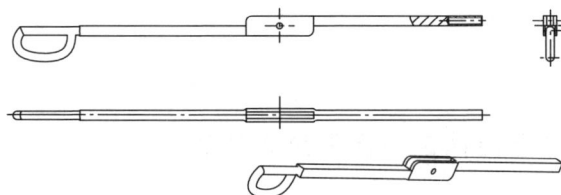

图 2 操作柄甲 1 示意图

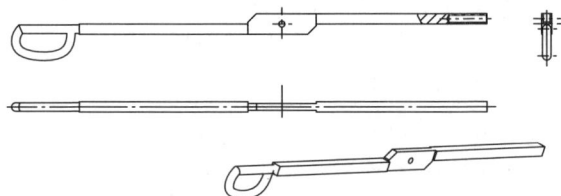

图 3 操作柄乙 2 示意图

图 4 销 3 示意图

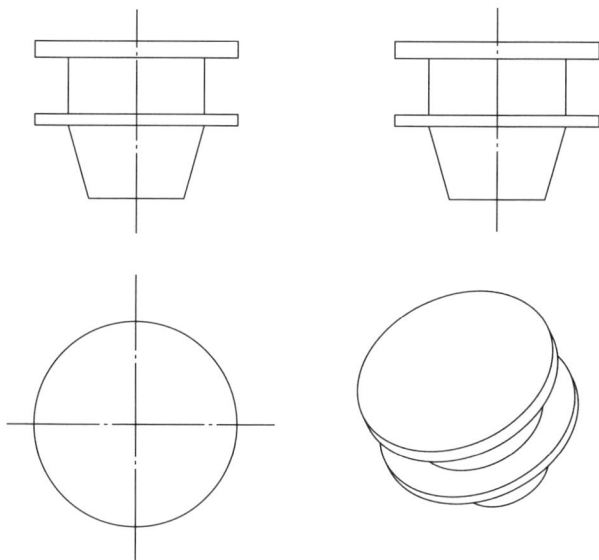

图 5　密封盖 4 示意图

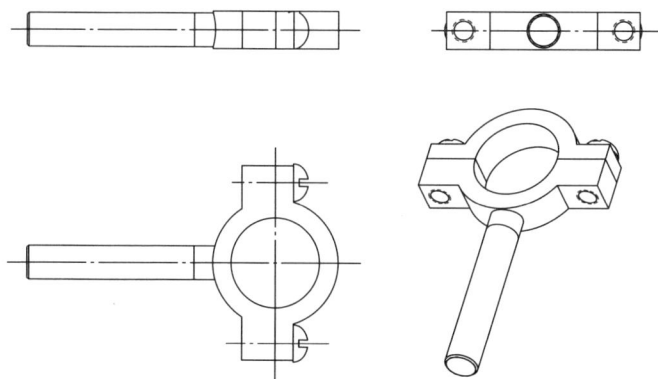

图 6　夹持组件 5 示意图

操作柄甲 1 和操作柄乙 2 根据实际需要，可配对制作成不同的形状和长度。销 3 固定安装于操作柄甲 1 和操作柄乙 2 的相应孔内，使操作柄甲 1 和操作柄乙 2 能以销 3 为中心进行开、合操作。密封盖 4 与量取瓶 6 的瓶口配对制作，使密封盖 4 塞入量取瓶 6 的瓶口时，能起密封作用。密封盖 4、量取瓶 6 的夹持部位与夹持组件 5 配对制作；夹持组件 5 固定夹持住密封盖 4 和量取瓶 6 的夹持部位，所述夹持组件 5 的螺杆旋入操作柄甲 1 和操作柄乙 2 的内螺纹中，操作柄甲 1 和操作柄乙 2 进行开、合操作时能使密封盖 4 从量取瓶 6 的瓶口内拔出、塞入。量取瓶 6 根据实际需要制作成不同的形状和容积。另外，可在相应部位设置开启度限制条，限制操作柄甲 1 和操作柄乙 2 的开启度。也可在操作柄甲 1 或操作柄乙 2 的相应部位标记刻度，以方便观察量取液体的深度。

使用前，将密封盖 4 和量取瓶 6 分别与夹持组件 5 组装好，再分别将夹持组件 5 的螺杆旋入操作柄甲 1 和操作柄乙 2 的内螺纹中。然后，手持操作柄甲 1 和操作柄乙 2 的操作耳，进行开、合操作，使密封盖 4 能在量取瓶 6 的瓶口内顺畅地拔出、塞入。

使用时，先将操作柄甲 1

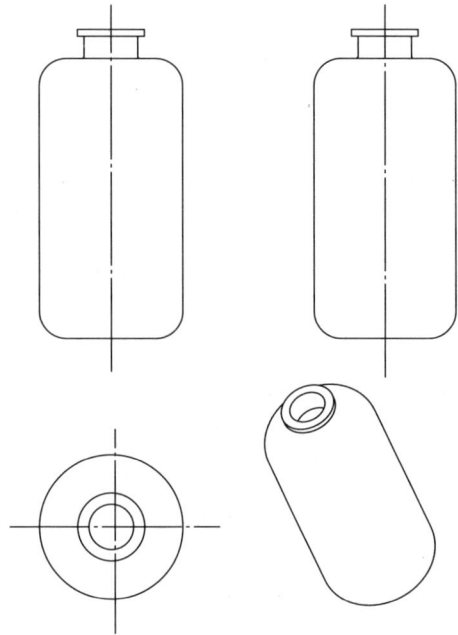

图 7　量取瓶 6 示意图

和操作柄乙 2 闭合，将密封盖 4 塞入量取瓶 6 的瓶口内，并密封。然后，手持操作柄甲 1 和操作柄乙 2 的操作耳，将密封盖 4 和量取瓶 6 伸入所需的液体深度，通过操控操作耳，使操作柄甲 1 和操作柄乙 2 分开，带动密封盖 4 从量取瓶 6 的瓶口内拔出，液体即流入量取瓶 6 内。当液体注满量取瓶 6 时，再操控操作耳，使操作柄甲 1 和操作柄乙 2 闭合，带动密封盖 4 塞入量取瓶 6 的瓶口内，并密封。将分层液体定量量取装置移出液体，即完成液体定量量取。

五、结论

分层液体定量量取装置结构简单、操作方便，能有效地用于淀粉生产中对不同深度的分层液体进行定量量取，从而提高工作效率。

三、收割机研究、试制、试验篇

我国南方山地、丘陵地区农村粮食安全的现状及其对策的探讨

　　粮食安全是国家安全的战略基础，也是社会安定的基础。我国粮食安全还存在一些问题，很多专家、学者从多角度、多方面进行了研究并提出了解决问题的措施和建议，在此不作赘述。但是，对我国南方山地、丘陵地区农村粮食安全进行专题研究的论文却鲜见。笔者认为我国南方山地、丘陵地区农村粮食安全方面存在一些不容忽视，必须高度重视并加以解决的问题。从其他论文对粮食安全问题的解决办法来看，笔者认为对我国南方山地、丘陵地区农村粮食安全问题的解决针对性不是很强，在较短的时间内可能难以见效。因此，笔者对我国南方山地、丘陵地区农村粮食安全问题进行了一番研究并提出了相应的对策，以期与同仁们商榷。

　　粮食安全的评定标准应包括两个至关重要的指标：粮食的生产和粮食的储备。我国南方山地、丘陵地区面积广袤，人口众多，人们的粮食以大米为主。南方山地、丘陵地区粮食安全的主要问题就是稻谷的生产和储备问题。为减少篇幅，增强针对性，笔者将我国南方山地、丘陵地区的粮食安全问题简化成稻谷安全问题来加以论述，特此说明。对于南方城市人口的粮食安全问题而言，国家有相应的粮食储备机构和应对机制予以保证，在此不作赘述。

一、我国南方山地、丘陵地区农村粮食（稻谷）安全现状及其产生的原因和后果

（一）我国南方山地、丘陵地区农村粮食（稻谷）安全现状

　　自有史以来，我国南方山地、丘陵地区农村的粮食安全问题似乎从来就不是问题。因为该地区的农民一贯注重粮食（稻谷）的生产和储备。每家每户都根据家庭人口的情况建造了大小适宜的粮仓或储粮器具。每个家庭一般将当年生产的粮食的大部分甚至全部储存起来，严格按"宁可顿顿缺，不可一顿无"的原则，实行计划消费，基本做到了粮食（稻谷）的自给自足，基本不存在农民购买外地商品粮食（大米）的情况，根本不存在农田抛荒现象。

但是，市场经济推行以后，尤其是进入 21 世纪以来，农民也受到市场经济大潮的冲击，农民的种粮意识和储粮意识愈来愈淡薄，很多农民不产粮、不储粮，或粮食产量、储备量很少，农田抛荒现象越来越严重。农田抛荒现象呈现抛荒面积逐年增加，隐性抛荒日趋普遍，"官荒"现象日渐严重等特点。因此，我国南方山地、丘陵地区农村的粮食（稻谷）安全问题形势非常严峻，亟待解决！

（二）我国南方山地、丘陵地区农民不产粮、不储粮，农田抛荒现象日益严重的原因

1. 比较效益低下

现代经济学认为："人的行为是理性的。"因为效益比较低下，所以农田抛荒是农民作出的一种理性的、自主的选择。尽管近年来中央出台了一系列支农、惠农、强农政策，但南方山地、丘陵地区种粮仍未走出"效益低下"的怪圈。据九三学社株洲市委调查，2007 年农资价格全面上涨，如碳铵批发价每吨上涨 50 元，加拿大钾肥每吨上涨 60 元，零售价的涨幅更大，种子、农药价格均不同程度上涨。而粮食的收购价格并没有随之"水涨船高"，种田基本上是薄利甚至无利。当前广大农村地区流传着这样的顺口溜："待在家里种田，不如外出挣钱；要想早奔小康，必须背井离乡。"所以，许多青壮年劳动力纷纷离家打拼，脱贫致富，留下所谓"386199 部队"（妇女、儿童、老人）耕种着自家的田地，或干脆任其抛荒。

2. 水稻种植程序多，过程烦琐

在收获时节，劳动条件差，劳动强度大，致使很多农民兄弟厌恶水稻种植。

3. 基础设施落后

当前农民生产所依赖的水利设施大多是 20 世纪五六十年代集体修建的山塘、水库、河坝、渠道，因长期缺乏维修保养，山塘污泥沉积，水库带病运行，河坝残存不堪，水渠壅塞崩塌，大部分处于荒废状态，储水能力降低，抗灾、御灾作用减弱，在一定程度上影响了农民的种田积极性。

4. 风险成本巨大

中国是世界上自然灾害最严重的少数国家之一。近年来，生态环境的整体恶化与人类不合理的活动进一步加剧了自然灾害的蔓延，1997 年以来频发的洪灾、旱灾、冰灾、泥石流及 2008 年的汶川大地震等灾害已充分说明了这一点。由于农田水利基础设施薄弱，一旦遭遇上洪涝灾害，农民只能眼睁睁地看着自己的汗水付诸东流。农民一般是风险规避者，规避风险时遵循"安全第一的拇指原则"，而愿意承担风险的前提是必须有足够的利益回报。在有风险且回报低微甚至为零的情况下，抛荒是他们的必然选择。

（三）我国南方山地、丘陵地区农民不产粮、不储粮，农田抛荒日益严重的危害

1. 危及国家的粮食安全

中国人口占世界的 22%，而耕地仅占世界的 7%。这表现出三个明显特征：

（1）人均耕地面积少

如美国人均耕地面积为 10.95 亩，加拿大为 23 亩，而我国只有 1.6 亩。

（2）优质耕地少

全国高产田仅占耕地总面积的 21.5%，中产田占 37.23%，低产田占 41.2%。

（3）耕地后备资源严重不足

据国土部门组织的调查，我国耕地后备资源总量仅为 1.13 亿亩，且大部分分布在北方和西部干旱地区，存在干旱缺水、盐碱、风沙、低温严寒等一种或多种制约因素。在我国人地矛盾极其突出的情况下，耕地抛荒无疑会造成粮食产量与粮食储备的双双下降，一旦发生大的自然灾害或国际冲突，粮食供应必将成为棘手问题，严重威胁国家安全，造成社会的恐慌。同时，抛荒现象的普遍化，客观上导致各级政府低估农业用地的价值，高估非农项目的产值，并刺激其蚕食农业用地以实现所谓产业升级。从而使耕地抛荒掉入恶性循环、愈演愈烈的怪圈中，最终给粮食安全增加了又一层危险因素。我国丘陵、山地约占国土面积的 2/3，粮食产量占全国总产量的 1/3，在我国农业生产中具有举足轻重的地位。水稻又是南方丘陵、山地播种面积最大的作物，播种面积达到 19709.59 千公顷，占全国总播种面积的 66.53%。因此，农田抛荒是我国南方山地、丘陵地区粮食安全的最大威胁。

2. 恶化了农田的耕种条件

农田抛荒会导致水土流失，肥力下降，复垦难度大。同时，水利设施长期闲置会使灌溉系统损毁、老化，进一步恶化土地的耕作条件，降低土地的耕作效益，使耕地抛荒呈恶性循环状态。

3. 浪费了社会资源

家庭承包制下的土地经营具有两项基本的功能：

收入功能：能够为土地经营者创造收入。

就业功能：能够为农民提供工作的机会、创业的舞台。同时，南方山地、丘陵地区修建农田很不容易，尤其是山区的梯田。如涟源市古塘乡等地的很多梯田，是先辈们千辛万苦用一片一片的石块一层一层地垒起来修建的，有的石墙高达一两丈。荒废了农田，真是愧对先辈啊！

4. 增加了社会的发展成本

隐藏在耕地抛荒现象背后的农村劳动力过度外流，导致农村劳动者素质下降，农业生产力水平徘徊不前，农业生产新技术难以推广，农业产业化水平难以提升，不利于我国经济社会持续、协调发展。大量农村劳动力的"盲流"对交通运输造成很大压力，交通事故不断增加；找不到就业机会的农村人口成为城市"三无"人员，有的甚至走上偷扒抢劫等违法犯罪的道路。此外，耕地抛荒与农村人口过度外流还给基层政府增添了工作压力和管理难度。

5. 加剧了交通运输压力

南方山地、丘陵地区农田抛荒严重，农村粮食不能自给自足，就必须从外地运粮，增加了交通运输负荷。一旦发生地震、泥石流等灾害，甚至发生战争，这会造成陆上交通中断，粮食运输将成为非常棘手的问题。

6. 阻碍了科技的进步，可能导致小（微）型农机产业发展停滞

需求决定生产，需求也决定科研的方向。如果农田抛荒持续恶化，将无法对小（微）型农机形成规模需求，这将导致小（微）型农机的科研、生产全面停滞，使原本能拉动经济增长的新兴产业——小（微）型农机产业陷入困境。

二、解决我国南方山地、丘陵地区农村粮食（稻谷）安全问题的对策

（一）解决我国南方山地、丘陵地区农村粮食（稻谷）安全问题最有效的对策及建议

解决我国粮食安全问题的对策，已有很多专家、学者提出了很好的意见和建议，对解决南方山地、丘陵地区农村粮食安全问题有很好的借鉴、指导意义，在此不赘述。

我国南方山地、丘陵地区稻田的主要特点是：田块小、宽度窄、泥脚深、形状不规则，机具在田里转弯、掉头不便；稻田之间落差大，没有机耕道，道路窄小崎岖，坡陡弯多，机具行走和田间转移困难。

水稻的耕种步骤是：整田、育秧、插（抛）秧、病虫害防治、施肥、灌排水、收获、干燥和筛选。就南方山地、丘陵地区水稻耕种的机械化程度而言，整田、育秧、插（抛）秧、病虫害防治、施肥、灌排水、干燥和筛选等步骤都已实现了机械化或半机械化，甚至不需机械化，用手工就可以实施，且劳动条件相对较好，劳动强度不大。但收获水稻时，却没有完全适应南方山地、丘陵地区稻田特点的小（微）型水稻联合收割机，而成为最大的难题。

笔者认为，造成我国南方山地、丘陵地区农民不产粮、不储粮，农田抛

荒日益严重的根本原因在于稻谷收获时劳动条件差、劳动强度大，导致年轻农民兄弟产生厌恶心理（年轻农民更倾向于从事劳动条件好、强度低的"轻松活"）；年龄较大的农民朋友因体力原因而吃不消。因此，研制出使年轻农民兄弟感觉"轻松"，年龄较大的农民朋友在体力上吃得消的新一代微型水稻联合收割机才是解决我国南方山地、丘陵地区农村粮食（稻谷）安全问题最有效的对策。同时，也在此向相关部门建议：加大对微型水稻联合收割机的研发力度和资金投入，尤其是农机部门的购机补贴向微型水稻联合收割机重点倾斜，加大扶持力度，调动研发单位和生产企业的积极性，推动微型水稻联合收割机的研发和生产进程，争取早日研制成功并投入大规模生产和销售。

（二）水稻联合收割机在国内外的研究现状和发展趋势

1. 水稻联合收割机在国内外的研究现状

目前，世界上不少国家已经实现了水稻收获机械化，而我国历经 40 余年周折，直到 20 世纪 90 年代，水稻收获机械化才有较大进展。

我国水稻收获方式有人工收获、分段收获和联合收割机收获。在人工收获中，由人工完成整个收获过程，劳动强度大，效率低，时间长，损失浪费严重（稻谷损失率在 10% 以上）。分段收获由割晒机进行收割，然后由人工集捆、运输、脱粒、清选等。用机械完成各项作业或其中的几项作业，这种收获法使用的机具比较简单，操作与维护方便，价格也便宜，对使用技术的要求不高，但花费的劳动量大，劳动强度高，效率低，谷物总损失量也较大。联合收获法是使用联合收割机进行收获。一次完成切割、脱粒分离、清选和袋装过程，大大提高了收获效率，降低了劳动强度，节省了劳动力，减少了总损失量，能及时收获和清理田地，以便下茬作物的耕种，特别有利于抢收、抢种。这种收获方式起步较迟，但在近 20 年的时间里得到了较快发展。在"九五""十五"期间国家把水稻收获列入重点攻关项目，组织科研单位、大专院校和企业进行联合攻关，研究开发了梳脱式联合收割机。该机采用了目前国际上最先进的梳脱收获工艺。其作业的工艺路线是：梳脱装置先将谷物梳脱下来，经输送装置送入复脱清选装置中进行复脱清选，获得干净的籽粒；同时，切割装置将梳脱干净的秸秆切割下来并整齐地放在田间或将秸秆切碎还田。这种技术方案有效解决了稻麦两用问题，在总体技术性能上将联合收割机的发展推向了一个新阶段。为我国水稻机械化收割增添了一种新工艺、新技术、新产品，提供了一种更新换代的新机型。

微型水稻联合收割机目前还处于研究、试制、试验、试销阶段，存在收获质量和工效较低等问题，有待进一步研究、改进、提高、完善。

2. 水稻联合收割机的发展趋势

大、中型水稻联合收割机发展趋势为：在保证良好性能的前提下，向高效、大功率、大喂入量方向发展，以提高生产率；对收获损失率低，高清洁度的主要工作部件的研究更加深入，研究单滚筒或双滚筒纵置的轴流式脱粒分离结构；新材料和先进制造技术的广泛应用使产品性能更好，可靠性更高；以人为本，广泛应用机电一体化和自动化技术，向舒适性、安全性、操作方便方向发展，向智能化收割机发展，使操纵、调节更加灵活、快捷、方便。小（微）型水稻联合收割机的发展趋势是：作为全面实现水稻收割机械化的一种必不可少的补充，向着结构新颖简单、重量轻、适应性强、功率消耗低、一机多用、价廉、性能稳定、可靠性高、故障率低的方向发展。

（三）目前在我国南方山地、丘陵地区生产和销售的小（微）型水稻联合收割机的特点、缺陷与解决方案

1. 南方地区现有的小（微）型水稻联合收割机的特点

它们的原理都相同，其结构都是由拨禾部分、割台部分、输送部分、脱粒部分、底盘部分等组成。各生产厂家对拨禾、割台、输送、脱粒等部分只是在布局与尺寸上有些许区别和改进。在底盘部分中的行走装置上主要有两种结构形式：一种是履带式，另一种是轮式。

2. 南方地区现有的小（微）型水稻联合收割机最大的缺陷

由于受到收割工作原理的局限，不管收割机如何改进，在收获水稻时，仍然不能达到年轻农民兄弟感觉"轻松"，年龄较大的农民朋友在体力上吃得消的要求。

3. 消除南方地区现有的小（微）型水稻联合收割机缺陷的解决方案

消除南方地区现有的小（微）型水稻联合收割机缺陷的解决方案是抛弃现有的水稻收割机工作原理，创造新的水稻收割机工作原理，并在此基础上研制出新的水稻联合收割机，使之达到年轻农民兄弟感觉"轻松"，年龄较大的农民朋友在体力上吃得消的要求。笔者在这方面进行了一些探索，并取得了一些成果，但还需要进一步完善。

履带自走式旋耕、收割两用机的研制

一、我国南方山地、丘陵地区水稻生产中的主要问题

笔者对我国南方山地、丘陵地区水稻生产的各个环节进行了细致的市场调查。调查发现我国南方山地、丘陵地区水稻生产主要存在以下问题：

一是水稻生产程序多，过程烦琐，尤其在耕田、水稻收获环节，劳动条件差，劳动强度大，致使很多农民厌恶水稻生产。自市场经济推行以来，尤其是进入 21 世纪以来，农民群众也受到市场经济大潮的影响，种植水稻的意识愈来愈淡薄，很多农民不种水稻，农田抛荒现象越来越严重。

二是由于我国南方山地、丘陵地区田块面积较小，大、中型旋耕、收割机械不能作业；市场上现有的小型旋耕机和收割机品种不多、性能和质量不稳定；微型耕整机和打谷机效率低、劳动强度大、作业条件差，年轻农民感觉"吃不消"。

三是市场上现有的旋耕机和收割机的功能单一，如果同时购买一台旋耕机和一台收割机，投资较大，很多农民在经济上难以承受。

二、履带自走式旋耕、收割两用机的研制

针对上述调查情况，笔者与××公司其他同仁一道，经过反复试验与改进，研制出了一种结构紧凑、轻巧灵活、工作可靠、一机多用的履带自走式旋耕、收割两用机，如图 1、图 2 所示。既可解决山地、丘陵地区水田的耕耘问题，又能解决稻麦的收割问题（能收割倒伏的稻麦）。这不仅大幅度降低了农民的购机成本，而且将机器利用率提高了 1 倍以上，节约了资源。

（一）履带自走式旋耕、收割两用机的研究内容

（1）该两用机的结构形式：由柴油机、变速箱、操纵台、机架、履带行走部件组成主机。另外，设计一套直联式、侧边传动的旋耕机具和一套扶禾器与滚筒脱粒配合的全喂入式收割机具。主机与旋耕机具结合组成旋耕机；主机与收割机具结合组成联合收割机。主机与两种机具的结合采用滑道套装

式，互换方便、操作简单，如图 3 至图 5 所示。

图 1　主机与旋耕机具组装成的旋耕机

图 2　主机与收割机具组装成的收割机

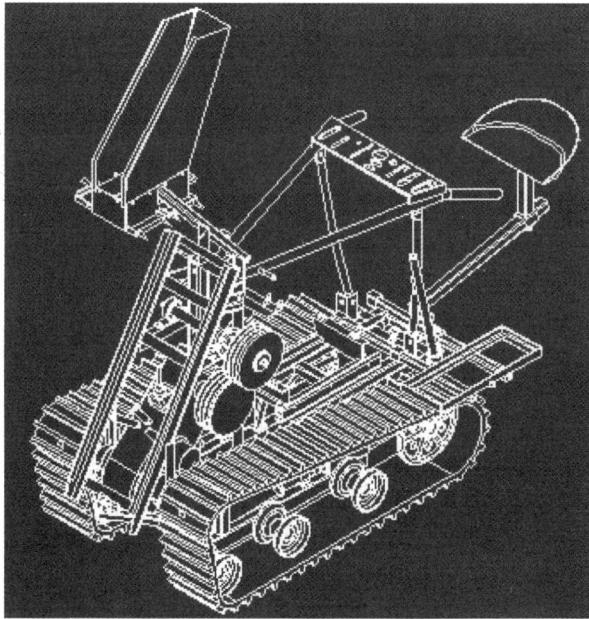

图 3　主机示意图（未装柴油机）

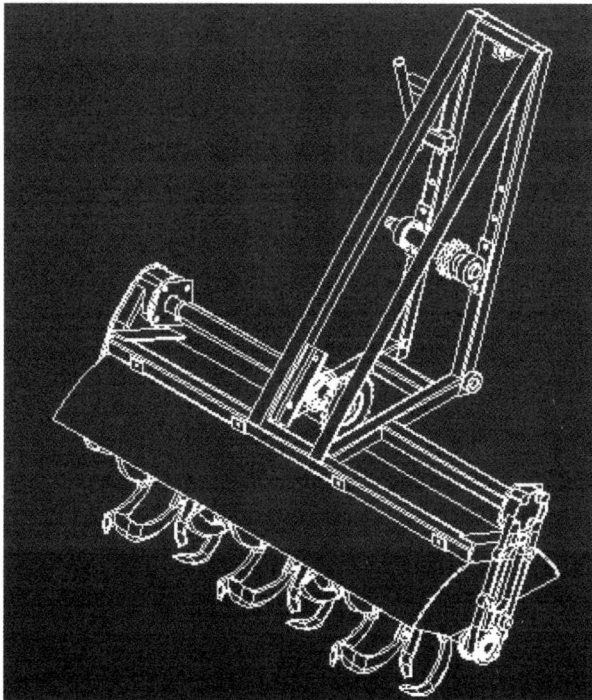

图 4　旋耕机具示意图

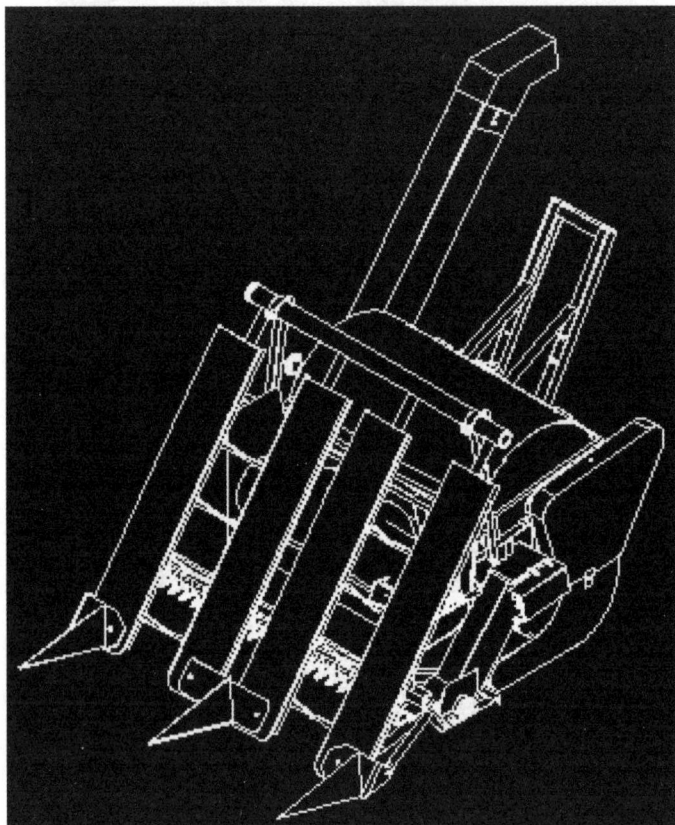

图 5　收割机具示意图

（2）为了适应山地、丘陵地区水田的环境，整机必须轻巧灵活，底盘高，田块间转运方便。

（3）为了提高水田通过性，减少机器作业时对水田底层的破坏，采用橡胶履带行走驱动。

（4）为了克服全喂入式联合收割机对大倒伏角作物无法收割的缺陷，采用扶禾器代替拨禾器，使机器能将倒伏角 70°以内的作物扶起收割。

（5）针对现有旋耕机采用旋耕部件后置的形式，导致耕后土地平整度达不到要求，本机采用旋耕部件前置形式，机后可挂耙具，在一台机上解决旋耕、耙田问题。

（6）正确配置机器的重心，确保旋耕、收割作业流程连续、流畅。

（二）履带自走式旋耕、收割两用机的主要技术性能指标

履带自走式旋耕、收割两用机的主要技术性能指标见表 1 所列。

表 1　履带自走式旋耕、收割两用机的主要技术性能指标

类别	名称	旋耕	收割	
技术参数	整机质量	700 kg	820 kg	
	外形尺寸（mm）	2980×1380×1580	3600×1520×1950	
	配套动力	常联发 ZS1115 型柴油机，16.2 kW		
	燃油消耗	≤20 L/hm²		
	行走方式	履带自走式		
	发动机额定转速	2200 r/min		
	履带规格节距×节数×宽	75 mm×43 节×230 mm		
	作业幅度	1000 mm	1360 mm	
	作业速度	1～4 km/h	1～4 km/h	
	刀辊转速	150～50 r/min		
	相邻切削面间隔	35～85 mm		
	喂入量		1 kg/s	
	刀辊最大回转半径	≤300 mm		
作业性能	耕深（cm）	水耕≥10，旱耕＞8		
	耕后地表平整度（cm）	≤5		
	植被覆盖率（%）	≥55		
	平均故障间隔时间（h）	≥85		
	有效度（%）	≥95		

类别	名称	旋耕	收割	
			小麦	水稻
性能指标	扶起最大倒伏角		70°	70°
	生产率（hm²/h）		≥0.15	≥0.12
	总损失率（%）		≤1.2	≤3.0
	含杂率（%）		≤2.0	≤2.0
	破碎率（%）		＜1.0	＜1.5

（三）履带自走式旋耕、收割两用机的整机结构设计

该机综合了履带自走式旋耕机、半喂入式联合收割机、全喂入式联合收割机的结构特点。在主机上设计了一套可与旋耕、收割机具互换的装置。收割机具以全喂入式收割机的结构为主，但将拨禾器换成扶禾器。动力传递的

路线是：发动机安装在主机架上，用电瓶电机起动；动力分两路输出，一路输入变速箱为行走提供动力；另一路输入工作部件，即通过装有弹性张紧轮的链传动输入旋耕或收割机具。

（四）履带自走式旋耕、收割两用机各部件的结构特点

1. 主机的结构

机架为一个两层平行四边形结构，上层安装发动机，发动机与机架用滑轨接合，发动机沿机架纵向可以调整其停留位置。在上层框架上焊有一斜面立架，主架的后方安装柴油机、启动电机、液压油箱。立架的前方安装变速箱，斜面为互换机构，由液压油缸和滑槽组成。平行四边形框架下层安装履带和履带驱动轮、导向轮及支重轮。操纵台安装在机架的后上方，驾驶座为可伸缩悬梁为基座，插装在机架后方的横梁上。后横梁上还设有安装拖耙的销轴孔。机架的右边履带上方设有踏板、卸粮漏斗和卸粮手座位。

2. 旋耕机具的结构

动力传递为侧边式。旋耕刀的安装方式是特殊设计的：因为是前耕式，履带会碾压耕后的泥土，因而把旋耕刀在中心线两边对称相距约 590 mm 处安装成相反方向，目的是使旋耕后在履带碾压线上松土尽量减少，这样有利于机器行走的平衡，减少松土被碾紧的机会。旋耕之后，在主机后挂装专用耙具将田表面耙平。

3. 收割机具的结构

搅龙送穗，滚筒脱粒，风机加振动筛去杂，链条加刮板提粮，人工袋装卸粮，用扶禾器代替拨禾器，可收割倒伏角 70° 的作物。在传动链中加入了弹性超越离合器，在异常载荷下收割工作部件全部停止转动，排除故障后自动恢复工作。

三、总结

履带自走式旋耕、收割两用机在完成设计、试制样机、田间耕作试验、改进、定型、检测等各项试制工作后，其收割机——4LZ - 1.0A 履带自走式收割机通过了湖南省农机鉴定站鉴定，并获得了农机推广许可证（证书编号：湘 20140404012）；其旋耕机在水田旋耕时效果非常好，深得用户好评，但在旱地旋耕时效果欠佳，故暂申请鉴定，还需通过进一步试验与改进后再申请鉴定。

（原载《农业开发与装备》2015 年第 4 期）

4LZ - 1.0A 型联合收割机技术任务

一、项目开发的目的和意义

为了加快水稻、小麦收获机械化进程，针对我国丘陵地区地势起伏不平、田地大小参差不齐的特点，考虑到现有的收割机在梯田、梯土之间转场困难的状况，湖南某公司决定瞄准丘陵地区小田（土）块水稻、小麦收割这个农机薄弱环节，研制一种结构紧凑、轻巧灵活、工作可靠的履带自走式联合收割机，既能解决丘陵地区水稻的收割问题，又能解决丘陵地区小麦的收割问题。

二、研究内容

（一）结构形式

以发动机、变速箱、操纵台、机架、履带行走部件组成主机，另外设计一套扶禾器与滚筒脱粒配合的全喂入式收割机具。主机与收割机具结合组成联合收割机。主机与收割机具的结合采用滑道套装式，操作简单易行。

（二）减轻整机重量

为了便于丘陵地区梯田、梯土之间收割机转场，应尽量减轻整机重量。建议将整机重量比同型号的收割机减轻约 200 kg。

（三）能收割大倒伏角作物

为了克服全喂入式联合收割机对大倒伏角作物无法收割的缺陷，设计了新方案，采用扶禾器代替拨禾器，使收割机能将倒伏角 70°以内的作物扶起并收割。

三、主要技术规格、技术参数、性能指标

4LZ-1.0A 型联合收割机技术规格、技术参数、性能指标，见表 1 所列。

表 1　4LZ-1.0A 型联合收割机技术规格、技术参数、性能指标一览表

类别	名称	小麦	水稻
技术规格	产品型号	4LZ-1.0A	
	整机质量	820 kg	
	外形尺寸	3600 mm×1520 mm×1950 mm	
	配套动力	常联发 ZS1115 型柴油机，16.2 kW	
	燃油消耗	≤20 L/hm²	
	行走方式	履带自走式	
	发动机额定转速	2200 r/min	
	履带规格（节距×节数×宽）	75 mm×43 节×230 mm	
技术参数	作业幅度	1360 mm	
	作业速度	1～4 km/h	
	喂入量	1 kg/s	
	平均故障间隔时间	≥85 h	
性能指标	扶起最大倒伏角	70°	70°
	生产率（hm²/h）	≥0.15	≥0.12
	总损失率（%）	≤1.2	≤3.0
	含杂率（%）	≤2.0	≤2.0
	破碎率（%）	<1.0	<1.5

四、研制进度安排

2011 年 1—10 月，开展市场调查，组建新产品研制开发小组，确定设计方案，完成产品图样设计；

2011 年 11 月至 2012 年 3 月，生产条件准备，工模夹具制作，完成第一台样机试制；

2012 年 4 月，进行小麦收割试验；

2012 年 5—6 月，完成样机第二次改进；

2012 年 7—8 月，进行水稻收割试验；

2012 年 9—10 月，完成样机第三次改进；

2012年11月至2013年5月，完成小批量试产，并投放市场试销，向有关主管单位提出鉴定申请。

2013年6—7月，完善和整理产品图样、技术文件，完成技术鉴定。

五、经费预算及来源

(一)经费预算

调研费用：1万元，方案设计费用：2万元，样机试制费用：15万元，试验费用：5万元，工艺装备费用：30万元，产品鉴定费用：4万元，合计：57万元。

(二)经费来源

企业自筹。

六、主要研制人员名单

4LZ-1.0A型联合收割机主要研制人员名单，见表2所列。

表2 4LZ-1.0A型联合收割机主要研制人员名单

序号	姓名	性别	出生年月	技术职称	工作单位	负责工作
1						
2						
3						
4						
5						
6						

4LZ－1.0A 型联合收割机设计计算

一、概述

（一）设计依据

（1）JB/T 5117—2006《全喂入联合收割机技术条件》。

（2）《机械设计手册（软件版）V3.0》。

（3）《机械设计师手册》机械工业出版社。

（4）《焊接手册》机械工业出版社。

（5）《农业机械学》中国农业出版社。

（6）JB/T 6287—1992《谷物联合收割机可靠性评定试验方法》。

（7）DB43/T 247—2004《简易水稻联合收割机技术条件》。

（8）国家和行业有关安全标准与其他技术文件。

（二）整机设计规则

1. 主机部分

整体布置合理，重心安排合理，动力传递链应尽量简短，操作平稳可靠。此外，必须考虑收割机具升降方便，动力传递可靠。

2. 收割机具部分

采用全喂入式与扶禾器结合的结构，可收割大倒伏角作物。收割动力链的输入轴设有弹性超越离合器，使机具在遇到不正常阻力时能及时停止运转，消除不正常阻力后，又能正常运转。

（三）主要设计参数及指标

1. 配套动力

常联发 ZS1115 型柴油机，功率 16.2 kW，转速 2200 r/min。

2. 配套变速箱

B18 型变速箱，基本参数为：最大传递功率 6 kW，额定输出扭矩

630 N·m，最终传动比 3.44。其共分 6 个前进挡和 2 个倒退挡位，传动比：
Ⅰ挡 47.45、Ⅱ挡 33.21、Ⅲ挡 21.23、Ⅳ挡 14.32、Ⅴ挡 10.02、Ⅵ挡 6.63、
倒Ⅰ挡 63.32、倒Ⅱ挡 19.10。

3. 行走部分

履带规格：75 mm×43 节×230 mm（节距×节数×宽），配备 B18 型变
速箱，两履带中心宽度为 590 mm。

4. 收割机具

割幅 1360 mm，扶起作物最大倒伏角 70°，总损失率：小麦≤1.2%、水
稻 3.0%，含杂率：小麦≤2.0%、水稻≤2.0%，破碎率：小麦≤1.0%、水
稻≤1.5%，最小离地间隙 260 mm，履带接地压力不大于 5 kPa。

二、总体布置

（一）整机结构的选择

该机综合了履带自走式旋耕机、半喂入式联合收割机、全喂入式联合收
割机的结构特点。在履带自走式旋耕机的基础上，收割机具以全喂入式收割
机的结构为主，但将拨禾器换成扶禾器，能收割大伏倒角作物。动力传递的
布置路线是：将发动机安装在主机架上，用电瓶电机启动；动力分两路输出，
一路输入变速箱为行走部分提供动力；另一路输入工作部件，即通过装有弹
性张紧轮的链传动输入收割机具，具有超载荷保护功能。

（二）主要部件的结构特点

1. 主机的结构

机架为一个两层平行四边形结构，上层安装发动机，发动机与机架用滑
轨接合，发动机可沿机架纵向调整其停留位置。在上层框架上焊有一斜面立
架，主架的后方安装动力启动电机、液压油箱。立架的前方安装变速箱，斜
面为互换机构，由液压油缸和滑槽组成。平行四边形框架下层安装履带和履
带驱动轮、导向轮和支重轮。操纵台安装在机架的后上方，驾驶座以可伸缩
悬梁为基座，插装在机架后方的横梁上。机架的右边履带上方设有踏板、卸
粮漏斗、卸粮手座位。

2. 收割机具的结构

搅龙送穗，滚筒脱粒，风机加振动筛去杂，链条加刮板提粮，人工袋装
卸粮，用扶禾器代替拨禾器，可收割倒伏角 70°的作物。在传动链中加入了弹
性超越离合器，在异常载荷下收割工作部件全部停止转动，排除故障后自动
恢复工作。

三、参数计算

行走部分的速度计算

1. 行走转速计算

根据图 1 行走传动链示意图中的参数，分别计算出各挡的转速：

Ⅰ挡转速：$2200 \times 150/220/47.45 \approx 31.6$ r/min

Ⅱ挡转速：$2200 \times 150/220/33.21 \approx 45.2$ r/min

Ⅲ挡转速：$2200 \times 150/220/21.23 \approx 70.65$ r/min

Ⅳ挡转速：$2200 \times 150/220/14.32 \approx 104.7$ r/min

Ⅴ挡转速：$2200 \times 150/220/10.02 \approx 149.7$ r/min

Ⅵ挡转速：$2200 \times 150/220/6.63 \approx 226.2$ r/min

倒Ⅰ挡转速：$2200 \times 150/220/63.32 \approx 23.7$ r/min

倒Ⅱ挡转速：$2200 \times 150/220/19.10 \approx 78.5$ r/min

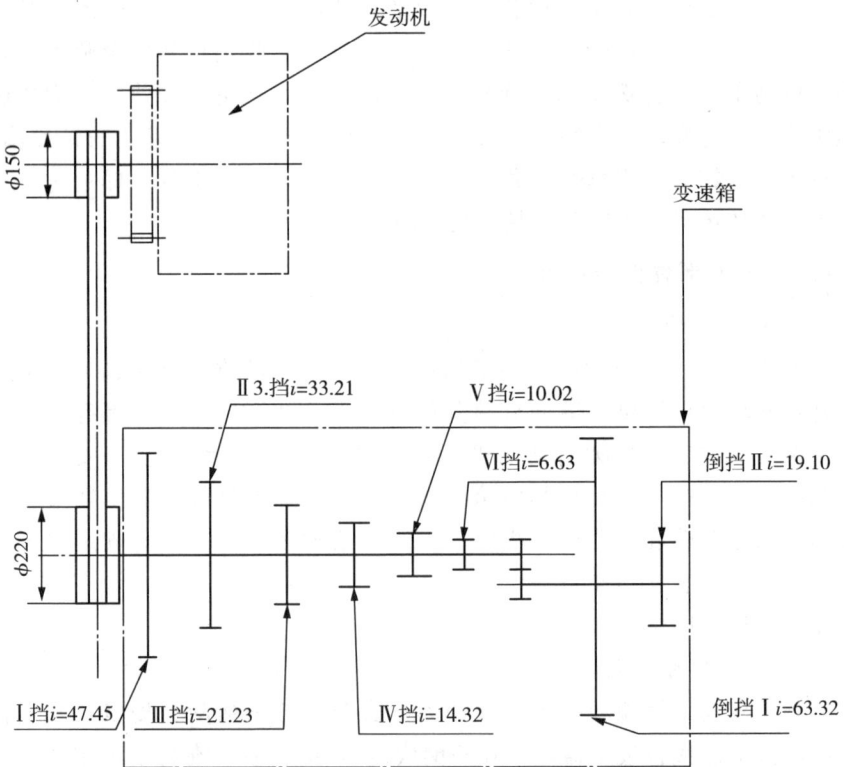

图 1　行走传动链示意图

2. 各挡的行走速度计算

履带主动轮 8 齿 (7 节)，节距 75 mm，每转行走距离为

$$75 \times 7 = 525 \text{ mm} = 0.525 \text{ m}$$

Ⅰ挡行走速度：$0.525 \times 31.6 \times 60 \approx 995 \text{ m/h}$

Ⅱ挡行走速度：$0.525 \times 45.2 \times 60 \approx 1424 \text{ m/h}$

Ⅲ挡行走速度：$0.525 \times 70.65 \times 60 \approx 2225 \text{ m/h}$

Ⅳ挡行走速度：$0.525 \times 104.7 \times 60 \approx 3298 \text{ m/h}$

Ⅴ挡行走速度：$0.525 \times 149.7 \times 60 \approx 4716 \text{ m/h}$

Ⅵ挡行走速度：$0.525 \times 226.2 \times 60 \approx 7125 \text{ m/h}$

倒Ⅰ挡行走速度：$0.525 \times 23.7 \times 60 \approx 747 \text{ m/h}$

倒Ⅱ挡行走速度：$0.525 \times 78.5 \times 60 \approx 2473 \text{ m/h}$

3. 收割机具各部件运动速度计算

根据图 2 收割传动链示意图中的参数，分别计算出各部件运动速度：

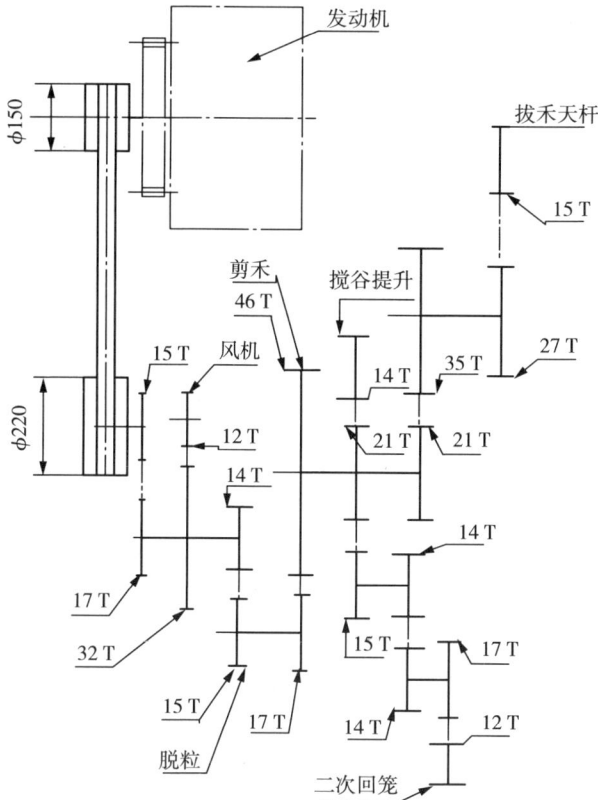

图 2　收割传动链示意图

风机转速：2200×150/220×15/17×32/12≈3529 r/min

脱粒轴转速：2200×150/220×15/17×14/15≈1235 r/min

剪禾速度：2200×150/220×15/17×14/15×17/46≈456.5 次/min

二次回笼搅龙转速：

2200×150/220×15/17×14/15×17/46×21/15≈639 r/min

搅谷提升转速：

2200×150/220×15/17×14/15×17/46×21/14≈685 r/min

二次回笼螺旋输送轴转速：

2200×150/220×15/17×14/15×17/46×21/15×14/14×17/12≈

905 r/min

振动筛转速：

2200×150/220×15/17×14/15×17/46×21/14≈685 r/min

搅龙轴转速：

2200×150/220×15/17×14/15×17/46×21/35≈274 r/min

扶禾器天杆轴转速：

2200×150/220×15/17×14/15×17/46×21/35×27/15≈493 r/min

4LZ - 1.0A 型联合收割机试制工作总结

湖南××公司于 2011 年 1 月组建研制开发小组，开始对联合收割机进行市场调查，并决定研制履带自走式联合收割机。通过研究和吸收市场上现有联合收割机的优点，公司确定试制一种喂入量为 1.0 kg/s，能够收割最大倒伏角为 70°作物的机型。该机型的整机重量比现有机型减少约 200 kg，属于轻巧型履带自走式联合收割机。2011 年 10 月，公司设计出第一代样机的图纸，并随后进行试制。2012 年 7 月至 10 月，先后进行了早、中、晚水稻的收割试验。2013 年 5 月开始试销小批量样机，到 2013 年 7 月，4LZ - 1.0A 型联合收割机完成技术鉴定，为批量生产奠定了良好的基础。

一、主要技术参数和性能指标

该联合收割机采用轻型履带自行走式，配备常联发 ZS1115 型柴油机，功率为 16.2 kW，整机重 820 kg，割幅宽 1360 mm，喂入量 1.0 kg/s，扶起最大倒伏角 70°，总损失率小麦小于 1.2％，水稻小于 3％，含杂率小于 2％，破碎率小于 1.5％，最小离地高度 260 mm，两履带中心宽度 590 mm。

二、主要特点

（一）通过性好

与市场同类产品相比，整机重量减轻 200 kg，两履带中心宽度减小 250 mm，最小离地高度达 260 mm，在梯田、梯土之间转场较为方便。

（二）设置了可靠的过载保护装置

在收割机具动力输入处设有过载保护装置，不管是剪刀、扶禾器、送禾搅龙、脱料装置、清选装置、输谷装置任何一处出现故障都能自动停机，排除故障后又能自动恢复工作。

（三）采用全喂入式脱粒并配置扶禾器

其结构简单，又能解决收割大倒伏角作物的问题。

（四）动力传递设计科学

采用柴油机后置、浮动的安装方式，不仅皮带的装卸非常方便，而且柴油机的振动对整机的影响小，避免了对机架等部件的振动破坏。

三、主要步骤和措施

（一）成立研发小组

配备了相应的专业技术人员从事研究、设计、试制和试验等工作。

（二）建立严格的研制工作程序

按照设计—评审—试制—试验—总结—评审—改进的工作程序推进研制工作。

（三）规范零部件采购

针对收割机在水田中作业的恶劣环境，制定了严格的采购质量制度，先保证质量，再比较价格。柴油机采用常柴的，支重轮和扶禾器配用久保田的。

（四）建立质量保证体系

从采购到零部件制造、组装，所有环节都经过严格的质量检验，责任落实到个人。

四、研制过程中出现的问题及改进

一是收割动力传递的难题。由于采用了滑块滑轨结合机构，机具的升降导致输入、输出两个链轮之间的中心距发生大幅度变化，一般的连接方式无法正常工作。改进措施是采用套筒大弹性张紧轮的方法，成功解决了这一问题。

二是扶禾器配合全喂入式脱粒装置，导致禾穗集中进入送穗搅龙，经常卡住搅龙无法工作。改进措施是在割台中间设置隔板，取得了良好的效果。

三是清选机构由于结构过于紧凑、风口过窄，含杂率偏高。改进措施是调整振动筛的结构，并通过加长风道来解决问题。

五、样机试验情况

（一）试验依据

根据 GB/T 8097—1996《收获机械联合收割机试验方法》，JB/T 5117—2006《全喂入联合收割机技术条件》和计划任务书的要求。

（二）参加试验人员

湖南××公司：××、××、××等。

（三）早稻试验

时间：2012 年 7 月 8—15 日。

地点：娄星区西阳、涟源荷塘等地。

天气：晴或阴天。

作物品种：湘早籼 45 号。

作物高度：80～85 cm。

估计产量：500～510 kg/hm²。

地表情况：烂泥田、泥脚深度 18～20 cm。

收割面积：120 亩。

实际作业时间：96 h。

试验过程中故障记录汇总见表 1 所列。

表 1 试验过程中故障记录汇总

序号	故障现象	形成原因	排除方法	故障类型
1	离合器合不上	间隙调整不当	重新调整	轻微故障

（四）中稻试验

时间：2012 年 9 月 10—21 日。

地点：湘潭、湘乡等地。

天气：晴。

作物品种：一季稻。

作物高度：90～110 cm。

估计产量：600～700 kg/hm²。

地表情况：干田。

收割面积：148 亩。

实际作业时间：98 h。

试验过程中故障记录汇总见表 2 所列。

表 2 试验过程中故障记录汇总

序号	故障现象	形成原因	排除方法	故障类型
1	液压缸不动	油封损坏	更换	轻微故障
2	割刀损坏一片	碰上铁丝	更换刀片	轻微故障

（五）晚稻试验

时间：2012 年 10 月 21—31 日。

地点：娄星区西阳、涟源湖泉等地。

天气：晴。

作物品种：威优 46。

作物高度：74～95 cm。

估计产量：525～600 kg/hm^2。

地表情况：干田。

收割面积：168 亩。

实际作业时间：108 h。

试验过程中故障记录汇总见表 3 所列。

表 3　试验过程中故障记录汇总

序号	故障现象	形成原因	排除方法	故障类型
1	风机链轮松动	压紧螺母振落	修复	轻微故障

（六）试验评定

该机的主要性能指标达到了 JB/T 6287—1992《谷物联合收割机可靠性评定试验方法》和计划任务书的要求。在早、中、晚稻的试验中，共收割了 436 亩水稻，总作业时间为 302 h，有 4 次故障，平均故障间隔时间为 75.5 h，符合平均故障间隔不小于 50 h 的要求。

六、结论

经过两年多的努力，从样机到小批量试产试销，证明 4LZ-1.0A 型联合收割机设计合理、使用可靠、故障率低，能够满足丘陵地区小麦和水稻收割的要求。

四、旋耕机研究、试制、试验篇

1GZ－120 履带自走式旋耕机的研制

一、研制 1GZ－120 履带自走式旋耕机的目的与意义

近年来，国家农机购置补贴促进了农业机械化的快速发展，机耕面积大幅增加，旋耕机也呈现出快速发展的趋势。

目前市场上各种旋耕机的特点如下：

（一）大中型拖拉机牵引式旋耕机的特点

大中型拖拉机牵引式旋耕机主要用于北方平原地区的旱地耕作。在旱地耕作时，其耕作质量和作业效率都非常好。近年，随着南方地区大中型拖拉机的迅速普及，大中型拖拉机牵引式旋耕机也开始用于南方水田的耕作。经过一段时间的使用，它的缺陷就显露出来了：连续使用大中型轮式拖拉机牵引式旋耕机耕作的水田，泥脚普遍加深。出现"一年浅，二年深，三年四年无法耕"的现象，对水田土壤生态造成严重的破坏。其原因是拖拉机橡胶轮压力大，在水田中行走时，随之碾出两道深沟，这两道深沟透过耕作层的稀泥，一直陷入硬泥层下，把厚厚的一层生泥土也翻带上来，待细碎时，熟泥层与生泥层混合在一起，破坏了耕作层的土壤结构，影响了农作物的生长。同时，每耕作一次，就使耕作泥层加深一次，这样造成恶性循环，使水田成为深泥脚田。最后到一定程度时，就会导致耕田机具无法下田，甚至造成良田荒芜的严重恶果。所以，农民在水田里已不敢用大中型拖拉机牵引式旋耕机了。

（二）微型旋耕机的特点

微型旋耕机主要用于山区小田块的耕作，替代使用牛耕田的原始方式。其缺点是：作业效率低，劳动强度大。

（三）中型履带自走式旋耕机的特点

中型履带自走式旋耕机一般采用四缸柴油机为动力，耕幅≥1.6 m，主要用于南方平原和丘陵地区较大的田块的耕作。其缺陷是：重量较重，田块之

间的运转不便，不能耕作我国南方山地、丘陵地区较小的田块，造成大量的较小田（地）块荒芜。

针对我国南方山地、丘陵地区旱地、水田面积较小的自然条件和农艺要求以及农村的经济状况，经多次的反复研究和试验，研制出了一种新型旋耕机——1GZ-120 履带自走式旋耕机。其外形及各部件的名称如图 1 所示。

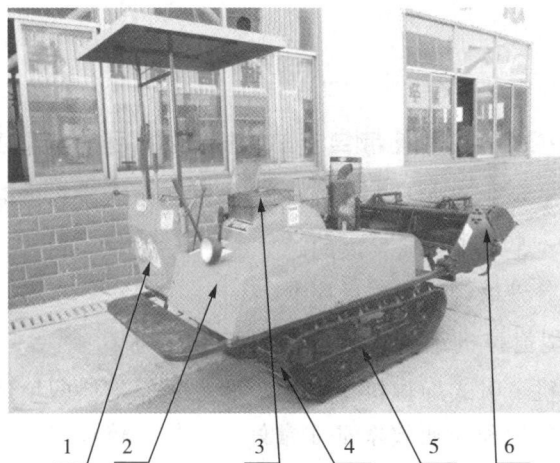

图 1 1GZ-120 履带自走式旋耕机实物
1—操作台组件；2—外罩壳组件；3—柴油机；
4—橡胶履带；5—底架总成；6—旋耕部件

二、主要技术性能指标

（一）主要研究内容

（1）选用轻便且功率能满足作业需要的单缸 CLF35 柴油机，优化传动结构，提高作业效率及机械利用率。

（2）正确配置机器的重心，确保旋耕作业流程连续、流畅。

（3）强化关键零部件设计，提高其可靠性，确保使用、调整、保养和维修简单方便。

（4）优化整机动力和传动系统，确保其具有良好的驾驶操作性能。

（5）为了提高其水田通过性，减少机器作业时对水田底层的破坏，采用橡胶履带行走驱动。

（6）增加旋耕机的离地间隙，改善水田耕作的通过性以及田（地）块间转运等作业高地隙要求，做到结构简单、机动灵活。

（二）主要技术性能指标

结构型式：履带自走式；

外形尺寸（长×宽×高）（mm）：2960×1350×2250；

整机质量（kg）：890；

工作幅宽（mm）：1200；

履带（节距×节数×宽）：90 mm×38 节×380 mm；

轨距（mm）：1060；

旋耕机传动方式：中间齿轮传动；

联结方式：刚性直联；

设计转速（r/min）：360；

最大回转半径（mm）：245；

总安装刀数（把）：30；

回转切削面（个）：14；

每切削面小区刀数（把）：2/1；

相邻切削面间距（mm）：30；

旋耕刀型号：IT245；

最高车速（km/h）：5.9；

配套动力：CLF35 柴油机，21.1 kW，2200 r/min；

纯工作小时生产率（hm²/h）：≥0.13；

燃油消耗量（L/hm²）：≤21；

耕深（mm）：旱耕：80～180，水耕：100～200。

三、设计计算

（一）整机结构方案的选择

工作幅宽（mm）：1200；

耕深：旱耕：80～180 mm，水耕：100～200 mm；

旋耕部件悬挂于底盘后面。传动箱连接旋耕部件与底盘后部，置于旋耕轴正中。柴油机位于底盘中部。机手在前侧方，操作方便。

（二）传动方案的确定

传动系统设计除了要满足每一传动轴的功率、转速、转向及传动的可靠性需求，应考虑尽量简单、结构紧凑。该机主要以皮带传动和齿轮传动为主，其传动路线如图 2 所示。

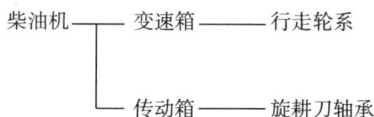

图 2　传动路线示意图

（三）确定机器行走速度

该机工作行走速度由动力传动至
行走离合器，再由变速箱齿轮经变、换挡后传动至行走轮。

1. 机器最低理论速度

由生产效率可概算出机器最低行走速度。田间作业率可由下式大致确定：

$$Q=1.5RBV$$

式中：Q 取 0.12 hm²/h；

    R——生产系数，取 0.65；

    B——名义耕幅，取 $B=1.2$ m。

    $V=Q/1.5RB=0.12×10000/（3600×1.5×1.2×0.65）≈0.285$ m/s
（理论）

2. 变速箱输入轴的转速

根据变速箱的速比可算出变速箱输出轴的转速 $n1$。

已知变速箱Ⅰ挡速比为 47.4：1，Ⅱ挡为 34.7：1，Ⅲ挡为 20.3：1，Ⅳ挡为 11.9：1，Ⅴ挡为 8.7：1，Ⅵ挡为 5.1：1，倒Ⅰ挡为 37.3：1，倒Ⅱ挡为 9.5：1，行走轮直径 $D=210$。

$$V=n\pi D/60$$

则 $n1=60V/\pi D=60×0.285/3.14/0.21≈25.93$ r/min，

因此，变速箱输入轴的转速 $n2=25.93×47.4=1229.082$ r/min。

3. 变速箱各挡输出转速

转速 nⅠ＝1229.082/47.4＝25.93 r/min；

转速 nⅡ＝1229.082/34.7≈35.42 r/min；

转速 nⅢ＝1229.082/20.3≈60.55 r/min；

转速 nⅣ＝1229.082/11.9≈103.28 r/min；

转速 nⅤ＝1229.082/8.7≈141.27 r/min；

转速 nⅥ＝1229.082/5.1≈240.996 r/min；

转速 n 倒Ⅰ＝1229.082/37.3≈32.95 r/min；

转速 n 倒Ⅱ＝1229.082/9.5≈129.38 r/min。

4. 变速箱各挡输出速度

根据公式 $V=n\pi D/60$，可计算出各挡输出速度：

VⅠ＝25.93×3.14×0.21/60≈0.285 m/s；

VⅡ＝35.42×3.14×0.21/60≈0.389 m/s；

$V Ⅲ = 60.55 × 3.14 × 0.21/60 ≈ 0.665$ m/s；

$V Ⅳ = 103.28 × 3.14 × 0.21/60 ≈ 1.135$ m/s；

$V Ⅴ = 141.27 × 3.14 × 0.21/60 ≈ 1.553$ m/s；

$V Ⅵ = 240.996 × 3.14 × 0.21/60 ≈ 2.649$ m/s；

$V 倒Ⅰ = 32.95 × 3.14 × 0.21/60 ≈ 0.362$ m/s；

$V 倒Ⅱ = 129.38 × 3.14 × 0.21/60 ≈ 1.422$ m/s。

（四）耕幅 B 的确定

根据市场调查，综合多种因素，经过反复试验，选定耕幅 $B = 1200$ mm。

（五）作业生产效率的概算

Vm——理论作业速度，取 $Vm = 0.3$ m/s，则 $Q = 1.5 × 0.65 × 1.2 × 0.3 × 3600/10000 ≈ 0.126$ hm²/h，满足相关的要求。

（六）旋耕刀轴转速计算

CLF35 型柴油机的标定转速为 2200 r/min。柴油机输出皮带轮直径 $Φ = 120$，传动箱离合器皮带轮直径 $Φ = 235$，则传动箱离合器轴（即传动箱输入轴第Ⅰ轴）的转速 $n = 120 × 2200/235 ≈ 1123.4$ r/min；传动箱为五组齿轮进行五级减速，总传动比为 3.7：1，则旋耕刀轴的转速 $n = 1123.4/3.7 ≈ 303.62$ r/min。

（七）旋耕部件升降机构

该机采用收割机液控装置来调整旋耕部件升降，升降幅度为 380 mm。

（八）功率分配的确定

有关资料显示，旋耕机各主要工作部件功率分配大致如下：

底盘行走：30%；

旋耕：48%；

其他：4%；

储备：18%。

则该机功率分配大致为：

底盘行走：6.63 kW；

旋耕：10.608 kW；

其他：0.884 kW；

储备：3.978 kW。

（九）安全设计方案

（1）所有运动件都应视为危险件，所有旋转工作部件、外露部件都安装安全防护装置。

（2）在可能发生人身伤害事故部位的附近明显处设置、粘贴安全标志。

四、总结

1GZ-120 履带自走式旋耕机在完成设计、试制样机、田间耕作试验、改进、定型、检测等各项试制工作后，通过了湖南省农机鉴定站鉴定，并获得了农机推广许可证（证书编号：湘 20140404013）。该机整机刚性好、强度高、重量轻、操作轻便灵活；田间和旱地作业性能稳定、可靠；工效高、油耗低、使用与维修方便。可用于未耕地、已耕地上旋耕作业。具有旱耕土块细碎、水耕泥烂浆足，耕后地表平整，杂草留茬覆盖良好，耕深一致，不易下陷，作业效率高，一次作业可达到多次犁耙的效果。广泛适用于稻麦产区的水旱地耕作。其旋耕性能、使用可靠性和水田通过性优良。

（原载《农业开发与装备》2015 年第 3 期）

1GZ-120 履带自走式旋耕机计划任务

一、项目开发的目的和意义

目前，市场上现有旋耕机具的特点是：大中型拖拉机牵引式旋耕机主要用于北方平原地区的旱地耕作，中型履带自走式旋耕机主要用于南方平原和丘陵地区较大的田块的耕作，微型旋耕机的作业效率低、劳动强度大。南方山地、丘陵地区面积较小的旱地、水田的旋耕作业面临没有合适的旋耕机具的窘境。为了解决我国南方山地、丘陵地区面积较小的旱地、水田的旋耕作业问题，满足旱地、水田的适应性、保护性耕作要求，经过广泛市场调查研究，针对南方山地、丘陵地区的耕地特点和当前农村的经济状况，公司决定开发具有高机动性、高作业性能、高通用性和高可靠性的 1GZ-120 履带自走式旋耕机。

二、研究内容

一是选用轻便且功率能满足作业现场需要的柴油机，优化传动结构，提高作业效率及机械利用率。

二是正确配置机器的重心，确保旋耕作业流程连续和流畅。

三是强化关键零部件设计，提高可靠性，确保使用、调整、保养和维修简单方便。

四是优化整机动力、传动系统，确保具有良好的驾驶操作条件。

五是结构简单、牢固，田（地块）间转移灵活，采用橡胶履带式配置，使其在水田和旱地的通过性能更强。

三、主要技术性能指标

配套动力：CLF35 柴油机，21.1 kW，2200 r/min；

整机质量（kg）：890；

工作幅宽（mm）：1200；

燃油消耗量（L/hm²）：≤21；

纯工作小时生产率（hm²/h）：≥0.13；

履带（节距×节数×宽）：90 mm×38节×380 mm；

设计转速（r/min）：360；

旋耕刀型号：IT245；

轨距（mm）：1060；

旋耕机传动方式：中间齿轮传动；

联结方式：刚性直联；

最大回转半径（mm）：245；

总安装刀数（把）：30；

回转切削面（个）：14；

每切削面小区刀数（把）：2/1；

相邻切削面间距（mm）：30；

最高车速（km/h）：5.9。

四、进度安排

2010年3月至2011年2月，组建研发小组，开展市场调查，确定初步方案，完成产品图样初步设计，试制第一代样机；

2011年3—5月，第一代样机开展稻田旋耕试验；

2011年6月至2012年2月，根据试验情况进行改进和完善，试制第二代样机；

2012年3—5月，第二代样机开展稻田旋耕试验；

2012年6月至2013年2月，根据试验情况，进行第三次样机改进定型；

2013年3—9月，进行可靠性试验，检测性能，完成技术鉴定。

五、经费预算及来源

（一）经费预算

调研费用：1万元，方案设计费用：2万元，样机试制费用：12万元，试验费用：6万元，工艺装备费用：20万元，产品鉴定费用：4万元，合计：45万元。

（二）经费来源

企业自筹。

六、研制单位及人员

（一）研制单位

湖南××公司

（二）研制人员

研制人员及分工见表1所列。

表1 研制人员及分工

姓名	性别	出生年月	技术职称	文化程度	工作单位	负责工作
						项目负责人
						设计试验
						试制试验
						试制试验

1GZ－120 履带自走式旋耕机设计计算

一、设计依据

(1) GB/T 5668—2008《旋耕机》。

(2) GB/T 5669—2008《旋耕机械刀和刀座》。

(3)《机械设计手册（软件版）V3.0》。

(4)《机械设计师手册》机械工业出版社。

(5)《焊接手册》机械工业出版社。

(6)《农业机械学》中国农业出版社。

(7) 国家和行业有关安全标准和其他技术文件。

二、整机设计规则

(1) 旋耕工艺流程应连续、流畅。

(2) 正确配置机器的重心。

(3) 使用、调整、保养和维修应简单方便。

(4) 应具备良好的驾驶操作条件。

(5) 结构简单、牢固，田（地块）间转移灵活，具有良好的水田和旱地通过性能。

三、各部件的确定

（一）旋耕部件

旋耕部件是该机的主要工作部件。它通过传动箱传递动力进行旋耕作业，悬挂在底盘后部。

旋耕部件由悬挂架总成、刀轴总成、机罩拖板总成等组成。

（二）传动部件

传动部件主要由传动箱、离合器等组成。传动箱为旋耕作业提供相应的转速输出，位于底盘与旋耕部分之间。

（三）底盘行走部件

底盘由变速箱、机架、橡胶履带等组成。变速箱为行走系统提供相应的速度输出，位于底盘前下部。

四、主要技术性能指标

结构：履带自走式；

外形尺寸（长×宽×高）（mm）：2960×1350×2250；

整机质量（kg）：890；

工作幅宽（mm）：1200；

履带（节距×节数×宽）：90 mm×38 节×380 mm；

轨距（mm）：1060；

旋耕机传动方式：中间齿轮传动；

联结方式：刚性直联；

设计转速（r/min）：360；

最大回转半径（mm）：245；

总安装刀数（把）：30；

回转切削面（个）：14；

每切削面小区刀数（把）：2/1；

相邻切削面间距（mm）：30；

旋耕刀型号：IT245；

最高车速（km/h）：5.9；

配套动力：CLF35 柴油机，21.1 kW，2200 r/min；

纯工作小时生产率（hm²/h）：≥0.13；

燃油消耗量（L/hm²）：≤21；

耕深（mm）：旱耕：80～180，水耕：100～200。

五、设计计算

（一）整机结构方案的选择

工作幅宽（mm）：1200；

耕深：旱耕：80～180 mm，水耕：100～200 mm；

旋耕部件悬挂于底盘后面，传动箱连接旋耕部件与底盘后部，置于旋耕轴正中，柴油机位于底盘中部；机手在前侧方，操作方便。

（二）传动方案的确定

传动系统设计除了要满足每一传动轴的功率、转速、转向及传动的可靠性需求，应考虑尽量简单、结构紧凑。该机主要以皮带传动和齿轮传动为主，其传动路线如图1所示。

（三）确定机器行走速度

该机工作行走速度由动力传动至行走离合器，再由变速箱齿轮经变、换挡后传动至行走轮。

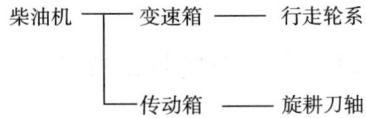

```
柴油机 ──┬── 变速箱 ──── 行走轮系
         │
         └── 传动箱 ──── 旋耕刀轴
```

图1　传动路线

1. 机器最低理论速度

由生产效率可概算出机器最低行走速度。田间作业率可由下式大致确定：

$$Q=1.5RBV$$

式中：Q 取 0.12 hm^2/h；

　　　R——生产系数，取 0.65；

　　　B——名义耕幅，取 $B=1.2$ m。

　　　$V=Q/1.5RB=0.12\times10000/（3600\times1.5\times1.2\times0.65）\approx0.285$ m/s（理论）

2. 变速箱输入轴的转速

根据变速箱的速比可算出变速箱输出轴的转速 $n1$。

已知变速箱Ⅰ挡速比为 47.4∶1，Ⅱ挡为 34.7∶1，Ⅲ挡为 20.3∶1，Ⅳ挡为 11.9∶1，Ⅴ挡为 8.7∶1，Ⅵ挡为 5.1∶1，倒Ⅰ挡为 37.3∶1，倒Ⅱ挡为 9.5∶1，行走轮直径 $D=210$。

$$V=n\pi D/60$$

则 $n1=60V/\pi D=60\times0.285/3.14/0.21\approx25.93$ r/min，

因此，变速箱输入轴的转速 $n2=25.93\times47.4\approx1229.082$ r/min。

3. 变速箱各挡输出转速

（1）Ⅰ挡传动比为 47.4，

则转速 nⅠ$=1229.082/47.4=25.93$ r/min；

（2）Ⅱ挡传动比为 34.7，

则转速 nⅡ$=1229.082/34.7\approx35.42$ r/min；

（3）Ⅲ挡传动比为 20.3，

则转速 nⅢ$=1229.082/20.3\approx60.55$ r/min；

（4）Ⅳ挡传动比为 11.9，

则转速 nⅣ$=1229.082/11.9\approx103.28$ r/min；

（5）Ⅴ挡传动比为 8.7，

则转速 $n_Ⅴ = 1229.082/8.7 \approx 141.27$ r/min；

（6）Ⅵ挡传动比为 5.1，

则转速 $n_Ⅵ = 1229.082/5.1 \approx 240.996$ r/min；

（7）倒Ⅰ挡传动比为 37.3，

则转速 $n_{倒Ⅰ} = 1229.082/37.3 \approx 32.95$ r/min；

（8）倒Ⅱ挡传动比为 9.5，

则转速 $n_{倒Ⅱ} = 1229.082/9.5 \approx 129.38$ r/min。

4. 变速箱各挡输出速度

根据公式 $V = n\pi D/60$，可算出各挡输出速度：

$V_Ⅰ = 25.93 \times 3.14 \times 0.21/60 \approx 0.285$ m/s；

$V_Ⅱ = 35.42 \times 3.14 \times 0.21/60 \approx 0.389$ m/s；

$V_Ⅲ = 60.55 \times 3.14 \times 0.21/60 \approx 0.665$ m/s；

$V_Ⅳ = 103.28 \times 3.14 \times 0.21/60 \approx 1.135$ m/s；

$V_Ⅴ = 141.27 \times 3.14 \times 0.21/60 \approx 1.553$ m/s；

$V_Ⅵ = 240.996 \times 3.14 \times 0.21/60 \approx 2.649$ m/s；

$V_{倒Ⅰ} = 32.95 \times 3.14 \times 0.21/60 \approx 0.362$ m/s；

$V_{倒Ⅱ} = 129.38 \times 3.14 \times 0.21/60 \approx 1.422$ m/s。

（四）耕幅 B 的确定

根据市场调查，综合多种因素，经过反复实验，选定耕幅 $B = 1200$ mm。

（五）作业生产效率的概算

V_m——理论作业速度，取 $V_m = 0.3$ m/s，则 $Q = 1.5 \times 0.65 \times 1.2 \times 0.3 \times 3600/10000 \approx 0.126$ hm^2/h，满足相关的要求。

（六）旋耕刀轴转速计算

CLF35 型柴油机的标定转速为 2200 r/min。柴油机输出皮带轮直径 $\Phi = 120$，传动箱离合器皮带轮直径 $\Phi = 235$，则传动箱离合器轴（即传动箱输入轴第Ⅰ轴）的转速 $n = 120 \times 2200/235 \approx 1123.4$ r/min；传动箱为五组齿轮进行五级减速，总传动比为 3.7∶1，则旋耕刀轴的转速 $n = 1123.4/3.7 \approx 303.62$ r/min。

（七）旋耕部件升降机构

该机采用收割机液控装置来调整旋耕部件升降，升降幅度为 380 mm。

（八）功率分配的确定

据有关资料，旋耕机各主要工作部件功率分配大致如下：

底盘行走：30%；

旋耕：48%；

其他：4%；

储备：18%。

则该机功率分配大致为：

底盘行走：6.63 kW；

旋耕：10.608 kW；

其他：0.884 kW；

储备：3.978 kW。

(九) 安全设计方案

一是所有运动件都应视为危险件，所有旋转工作部件、外露部件都安装安全防护装置。

二是在可能发生人身伤害事故部位的附近明显处设置、粘贴安全标志。

1GZ－120 履带自走式旋耕机试制工作总结

1GZ-120 履带自走式旋耕机是湖南××公司根据我国南方山地、丘陵地区土地、水田面积较小的自然条件和农艺要求，以及农村的经济状况，经过多年的反复研究和试验而开发的一种新型旋耕机。从 2010 年 3 月启动项目，到试制样机进行田间试验，共旋耕作业 587 亩，并根据试验情况做了一些相应的改进。2013 年，该公司进行了小批量生产并投放市场。在用户的旋耕作业中，其表现出良好的作业性能和较高的可靠性，具有广泛的适应性。

一、方案设计及关键问题的处理

1GZ-120 履带自走式旋耕机的方案设计重点考虑解决计划任务书中要求的几个关键问题，同时考虑尽量采用市场上现有产品成熟的结构和零部件。考虑到该机以我国南方山地、丘陵地区为主，选用 380 mm 宽的橡胶履带作为选配。由于时间紧迫，该公司边设计图纸、边试制加工、边田间试验，从试验、试用情况看，总的设计思路是合理的，但也出现了一些较大的问题：

（一）旋耕作业中机器的重心不平衡问题

由于南方山地、丘陵地区稻田的泥脚深浅不一，在泥脚较深的田间作业时，出现旋耕机前部上仰，后部陷入田泥而导致重心不平衡的问题。对此，技术人员对整机的布局进行了较大调整，使整机的重心移到机器前部，并增加了平衡平台，基本解决了作业过程中的重心不平衡问题。

（二）旋耕作业后，地表高低不一的问题

由于田块泥脚深度不一和操作人员操作不熟练，旋耕作业后，地表平整度不够理想。对此，技术人员一方面加大旋耕调整弹簧的弹力，并对相应的机构进行了调整；另一方面加大操作人员的培训力度，提高操作技能。这使旋耕作业后地表平整度达到了相应的农艺要求。

该机在试制的同时就考虑以后要进行批量生产，因此，在修改完图样后，

就着手编制工艺，并边试边修改，同时设计、制作各类模具。公司已编制完成各项工艺文件，并制作了86套模具，从而保证了试制小批量生产质量，为以后批量生产打下了坚实的基础。

二、样机试验情况

（一）试验依据

根据GB/T 5668—2008《旋耕机》和计划任务书的要求。

（二）参加试验人员

湖南××有限公司：某某、某某、某某等。

（三）旋耕试验

时间：2011年3—5月。

地点：双峰、娄星区等地。

天气：晴。

地表情况：水田。

泥脚深度：80～90 mm。

旋耕作业面积：124亩。

实际作业时间：61 h。

试验过程中故障记录汇总见表1所列。

表1 试验过程中故障记录汇总

序号	故障现象	形成原因	排除方法	故障类型
1	整机前高后低，倾斜度大	整机的重心靠后	重新调整整机的布局，使重心前移	较大故障

（四）旋耕试验

时间：2012年3—5月。

地点：双峰、娄星区等地。

天气：晴。

地表情况：水田。

泥脚深度：80～100 mm。

旋耕作业面积：189亩。

实际作业时间：95 h。

试验过程中故障记录汇总见表2所列。

表2　试验过程中故障记录汇总

序号	故障现象	形成原因	排除方法	故障类型
1	旋耕部件不能升降	液压缸漏油	修复	轻微故障

（五）旋耕试验

时间：2013年3—5月。

地点：双峰、娄星区等地。

天气：晴。

地表情况：水田。

泥脚深度：80～100 mm。

旋耕作业面积：274亩。

实际作业时间：136 h。

试验过程中故障记录汇总见表3所列。

表3　试验过程中故障记录汇总

序号	故障现象	形成原因	排除方法	故障类型
1	刀片弯曲	与坚石相碰	清除石块	轻微故障

（六）试验评定

该机主要性能指标达到 GB/T 5668—2008《旋耕机》和计划任务书的要求。2011—2013年共旋耕作业587亩，总作业时间达到292 h，有3次故障，平均故障间隔时间约为97.3 h，符合平均故障间隔时间≥85h的规定要求。

试验证明，该机使用可靠，能满足南方山地、丘陵地区广大农户的使用要求。

三、结论

1GZ-120履带自走式旋耕机共分5大总成，153种852个零件，在试验过程中，样机达到了设计要求，并委托湖南省农业机械鉴定站作了检测，各项指标均已达到或超过 GB/T 5668—2008《旋耕机》的要求。

五、抗旱排涝系统研究篇

农村土地规模经营的致命点与对策探讨

一、我国农村土地规模经营的必要性

（一）家庭土地承包责任制要向适度规模经营发展的原因

（1）我国一家一户的小规模家庭农业不可能"致富"，发展适度规模经营是农民增加收益、实现富裕的重要途径。

（2）农村土地承包责任制的狭小分散经营限制了先进生产手段的采用，土地适度规模经营是实现农业现代化的必由之路。

（3）农村土地承包责任制的小块经营不利于农业生产性投入，规模经营有利于吸收外资，增加农业投资。

（4）家庭土地承包责任制的小块经营使我国农业无力面对国际市场竞争，实行规模经营是保护我国农业，提高农业国际竞争力的根本途径。

（5）小块经营难以摆脱我国农业的弱质性，发展适度规模经营则能推动我国农业向现代高效强质产业发展。

（6）小块土地经营使大量劳动力沉淀于小农经济，限制了农民离开土地。发展适度规模经营，有利于优化农村劳动力结构，促进农业劳动力向非农业转移，推动城市化进程。

（7）目前农村耕地抛荒现象严重，发展适度规模经营可提高农地利用率。

（8）农村劳动力大量转移，土地不再是农民的唯一生存手段，承包土地大量转移，发展规模经营已成为我国农业发展的趋势。

（二）土地规模经营取得了显著的经济社会效益

（1）优化利用了农业资源，有效地促进土地、劳力、资金、技术、信息资源的优化配置，改变了粗放经营的状况，最大限度地发挥农业资源的作用。

（2）增加了转让双方的收入，实现了转让户和经营户"双赢"的目标。湖北省谷城县石花镇小坦山村通过土地流转发展花卉苗木产业，流出方和流入方家庭收入水平均比流转前大幅提高，64 户土地出租户人均纯收入比出租前增加 1070 元，增长 35.2%；43 户土地转包户人均纯收入比转包前增加

1570 元，增长 40%；12 家入股户人均纯收入比原来增加 1430 元，增长 29%。

（3）促进了农业机械的推广运用，取得了好的经济效益。农村土地承包责任制不适应现代农业的发展要求，只有依靠先进的农业机械化技术，才能提高生产率，降低作业成本，提高经济效益。山东肥城市王瓜店镇穆庄村王克东，先后投资 30 多万元购置了大型拖拉机 3 台，玉米联合收获机 2 台，小麦免耕施肥播种机 2 台，气动翻转犁 1 台。旋耕机 1 台，2008 年又联合六个农机大户成立了农业机械化专业合作社。合作社现拥有大型拖拉机 8 台，小麦联合收割机 7 台，玉米联合收获机 2 台，小麦免耕播种机 2 台，玉米直播机 2 台，气动翻转犁 1 台，其他配套农机具 13 台（套），固定资产达 150 万元，经营的土地增加到 600 多亩。2008 年春秋两季，他的小麦平均亩产 535 kg，总产达到 26.75 万 kg；玉米平均亩产 640 kg，总产达到 32 万 kg。他在保证自己经营的土地全部实现机械作业的同时，还与本村和邻村的部分农户签订了 1200 亩的作业合同，为他们提供小麦、玉米机收和小麦免耕播种"一条龙"服务，粮食生产收入和农机作业收入总计达到 32.3 万元，取得了显著的经济效益和社会效益。由此可见，现代农业必须走农业机械化发展路子，没有农业机械化，就没有土地经营集约化、规模化，就没有农业现代化。土地规模经营可以为农业机械化提供发挥更大作用的舞台，农业机械化可以为土地规模经营提供重要的物质保障和技术支撑。

（4）随着规模经营户对农业基础设施和农业机械投资的增加，农业生产力水平不断提高。

二、我国农村土地规模经营的致命点

（一）气候变化的趋势与我国气象灾害情况

全球气候不断恶化，导致一系列重大自然灾害发生，且一些地区极端气候事件的发生频率和强度都呈上升趋势。由于受季风气候影响十分强烈，我国是一个气象灾害频发、气象灾害严重的国家。受全球气候不断恶化的影响，以及伴随着我国经济社会高速发展的进程，我国气象灾害的频率增多，强度也增大，气象灾害带来的损失将会越来越大，防灾减灾的任务将会越来越艰巨。

以湖南省农业旱灾灾情为例：1949—2005 年，湖南省累计农业干旱灾害受灾面积达 39722.67×10^4 hm^2，成灾面积达 18835.48×10^4 hm^2，平均每年受灾面积 696.89×10^4 hm^2，成灾面积 330.45×10^4 hm^2。21 世纪以来，每年投入抗旱的人数 677.66 万人，每年用于抗旱的资金达 26501.3 万元，而

2005 年湖南农牧副渔总产值为 2056.24 万元。由此可见,巨大的农业旱灾损失严重制约了湖南经济的发展,成为湖南农村生活水平提高的"瓶颈"。

(二) 我国农村土地规模经营的制约因素及成因

从全国各地土地流转的情况可以看出,我国农村土地规模经营已成为不可逆转的发展趋势;而我国的气象灾害越来越严重,尤其是旱涝灾害频繁发生,且强度越来越大,例如,2009 年下半年至 2010 年上半年,西南省区遭遇百年一遇旱灾。因此,笔者认为,旱涝灾害成为我国农村土地规模经营的致命点。其原因有:

一是土地规模经营的前期投入比较大,大多数土地规模经营者负了债。土地规模经营的前期投入费用有:规划设计费、土地流转费用(一般为 200~300 元/亩)、农业基础设施建设费等,需要大量的资金投入。据调查,土地规模经营在 50 亩以上的经营者中,90% 以上经营者负了债。

二是土地规模经营者不再是家庭联产承包时的"兼业农民",而是其全部经济来源都依靠其经营的土地的产出。家庭联产承包时,农民兄弟并不是把每天的时间都花在自家的那点责任土地里,大部分时间是在本地甚至外地务工,或从事其他经营活动。平时利用业余时间来做农活,农忙时节请几天假来干农活,故称"兼业农民"。他们的主要经济来源不是其责任土地里的产出,而是从事务工或其他经营活动。因为仅仅靠经营那一点自家的责任土地是无法维持一家人的生活的。成为土地规模经营者后,不仅全部经济来源都依靠其经营的土地产出,而且其他费用,如种子、农药、化肥、农机折旧费、土地流转费、农业基础设施折旧费等也都依靠其经营的土地产出。

三是土地规模经营的投入资金量大,绝大部分规模经营者无力独自投资一套有效的抗大旱、排大涝的系统。即使是有资金实力的经营者,考虑到整套设备的利用率及使用价值问题,也不愿意独自投资搞一套抗旱排涝系统。

鉴于以上原因,如果发生大的旱涝灾害,导致经营的土地产出大幅减少或绝收,那将是规模经营者的致命点。

三、我国农村土地规模经营致命点的对策

如果发生大的旱涝灾害,土地规模经营者遭受致命之灾的话,这不仅会使土地规模经营者一家受害,还可能引发其他社会问题。我们在为我国农村土地规模经营取得日新月异的巨大进展而欢欣鼓舞时,一定要看到土地规模经营的致命点,有必要认真、深入地研究,并找到合适的对策。笔者现提出以下几点建议,供大家探讨。

一是加强对土地规模经营者的教育、宣传工作。做到既让他们对土地规模经营的必要性和美好前景有充分的认识，也让他们对土地规模经营的致命点有充分的思想准备。

二是加强气象科学研究，增强对气象灾害和天气变化的预见性和准确性，并将气象信息及时、准确地传达。使土地规模经营者提前做好应对措施，将气象灾害带来的损失降到最低。

三是增加适宜的农业保险品种，使土地规模经营者遇到大灾时不致破产、返贫。

四是农业、农机、水利等部门加大资金投入并推出新的工作举措，解决土地规模经营者的后顾之忧。笔者建议，在一定的行政区划范围内（以县或地级市为单位），建立旱涝灾害救援应急机构（名称可以为旱涝灾害救援119或农机救援119）。

具体组建流程如下：第一阶段，调查摸底。组织专业技术人员对所辖行政区（县或地级市）内各类土地规模经营情况（地理位置、地形、水源、面积、种植品种等）进行准确的调查摸底。第二阶段，制订单个的救援方案。针对每一个土地规模经营者的不同情况制订不同的抗旱排涝详细救援方案。第三阶段，科学配置救援机具数量。全面综合单个救援方案的资料，再加上当地气候和旱涝灾害历史资料等方面的信息，科学配置所辖行政区划范围内应对旱涝灾害所需的抗旱排涝机具，并由国家财政或部门专项资金购置所需的机具。第四阶段，培训专业作业队伍。精选素质优良的专业技术人员组成抗旱排涝应急队伍，并进行规范的操作培训和实地演练，使其熟练掌握抗旱排涝方面的知识和技能。第五阶段，正式实施救援。当接到灾情报告后，立即按先前制订好的方案派出人员和机具，赶往灾情发生点，实施抗旱排涝作业。第六阶段，完善救援方案。每次抗旱排涝救援作业之后，要进行研究、总结，制订更完善的救援方案备用。

通过在一定的行政区划范围内（以县或地级市为单位）配置一套或几套可以共享的移动式抗旱排涝系统，并由专业技术人员操作和管理。无论哪里出现旱涝灾情，都能及时、快捷地调配该系统前去服务，消除或减少旱涝灾害给土地规模经营者带来的损失，解除土地规模经营者的后顾之忧。这样便会造就更多的土地规模经营者，对农业实现规模化、产业化、集团化经营有极大的促进作用，其经济效益与社会效益无法估量。

五是加大科研投入，研究适合我国南方山地、丘陵地区的抗旱排涝系统（或机具）。我国北方地区，地势平坦，农业机械化水平比较高，大型的抗旱排涝机具应用方便、有效；而我国南方地区山地、丘陵面积辽阔，地形复杂，适合该地区复杂环境的抗旱排涝设备很少，尤其是高效的节水灌溉系统（或机具）严重缺乏。另外，据统计，我国旱灾损失是洪涝灾害损失的 3.5 倍。所以，大力推进适合南方山地、丘陵地区节水灌溉系统（或机具）的研究和开发，迫在眉睫。借此，希望引起政府部门和农机科研部门的高度重视！

可快速装拆的管道系统研究

随着温室效应的日益严重,全球旱涝等自然灾害频繁发生,且旱涝灾害的强度越来越大,常出现超强干旱和水灾,对农业生产造成了难以估量的损失,旱涝灾害已成为我国农村土地规模经营的致命点(详见本书《农村土地规模经营的致命点与对策探讨》)。而现有的农业抗旱排涝管道系统在安装时比较烦琐,安装好以后,不能完好地拆卸下来再重新安装利用,难以满足应对超强干旱和水灾发生时的应急救灾需要。因此,研发一套在农业抗旱排涝救灾中装拆快速、可重复利用的管道系统很有必要。

国内外对管道系统的快速装拆、多次重复利用问题进行了一系列研究。现有的管道连接方式主要有法兰盘连接、消防快速水带接头连接和快插水管接头连接等。法兰盘连接能多次重复应用于各种管道的连接,但不能快速装拆,由于其安装和拆卸烦琐,一般没有进行重复利用,也不宜用于农业抗旱排涝管道系统;消防快速水带接头连接能快速装拆,也能多次重复利用,但仅有直径为 50 mm、65 mm、80 mm 或 75 mm、90 mm 四类水带与其配套用于消防工作,不宜用于硬管道和大、小型软管的连接,也不宜用于农业抗旱排涝管道系统;快插水管接头连接能快速装拆,也能多次重复利用,但仅用于管材外径为 20 mm、25 mm、32 mm、40 mm、50 mm、60 mm 的硬管,不宜其他管径的管道使用,也不宜用于农业抗旱排涝管道系统。

基于以上现状,笔者设计了一套用于农业抗旱排涝救灾中可快速装拆的管道系统,并已获得了专利授权(专利号:ZL 201720442172.3)。

一、可快速装拆的管道系统的组成

可快速装拆的管道系统如图 1 所示,由外部设备 1(如水泵)、内丝外接头 2、中间管道 3、四通接头 4、三通接头 5、弯接头 6、外丝接头 7、闸阀 8、活动接头 9、外部装置 10(如水龙头)、内丝内接头 11、堵头 12、可收缩密闭环囊—阀门组件 13 等组成。外部设备 1（水泵）、闸阀 8、外部装置 10（如水龙头）为通用件。内丝外接头 2（图 2）、四通接头 4（图 3）、三通接头 5（图 4）、弯接头 6（图 5）、外丝接头 7（图 6）、活动接头 9（图 7）、内丝内接头 11（图 8）等接头的一端或多端设置有一条或多条环槽，所述环槽设置有阀体安装口。中间管道 3（图 9）的两端设有密封槽。堵头 12（图 10）的一端设有密封槽。可收缩密闭环囊—阀门组件 13（图 11）由可收缩密闭环囊和阀门（如气门）装配而成，可收缩密闭环囊安装于各种接头的环槽内，阀门固定安装于各种接头的阀体安装口内。

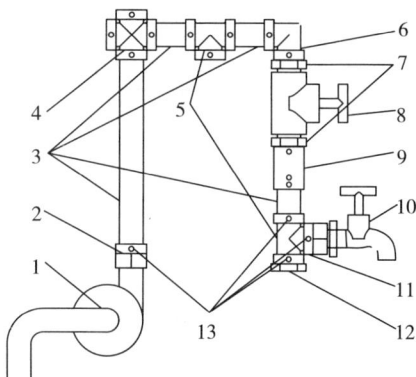

图 1 可快速装拆的管道系统示意图

1—外部设备；2—内丝外接头；3—中间管道；
4—四通接头；5—三通接头；6—弯接头；
7—外丝接头；8—闸阀；9—活动接头；
10—外部装置；11—内丝内接头；
12—堵头；13—可收缩密闭环囊—阀门组件

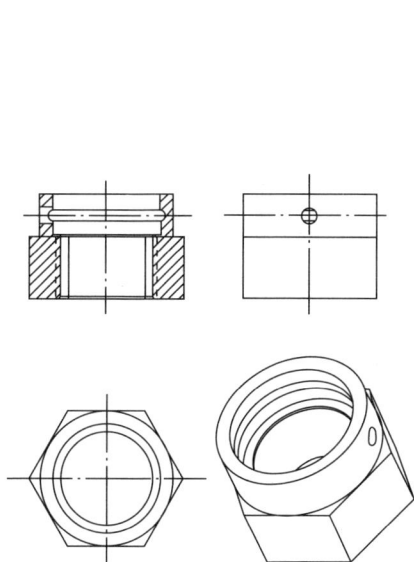

图 2 内丝外接头示意图

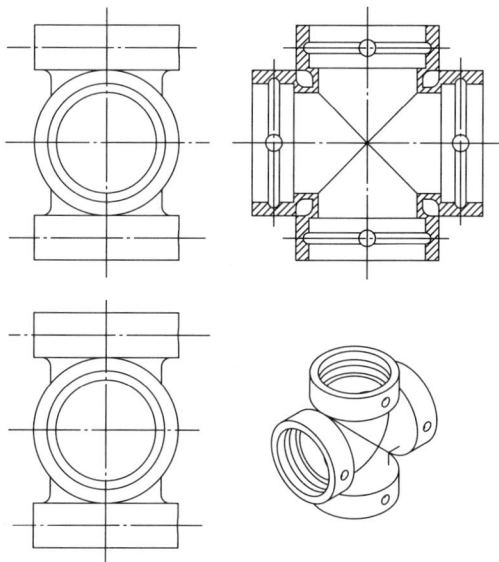

图 3 四通接头示意图

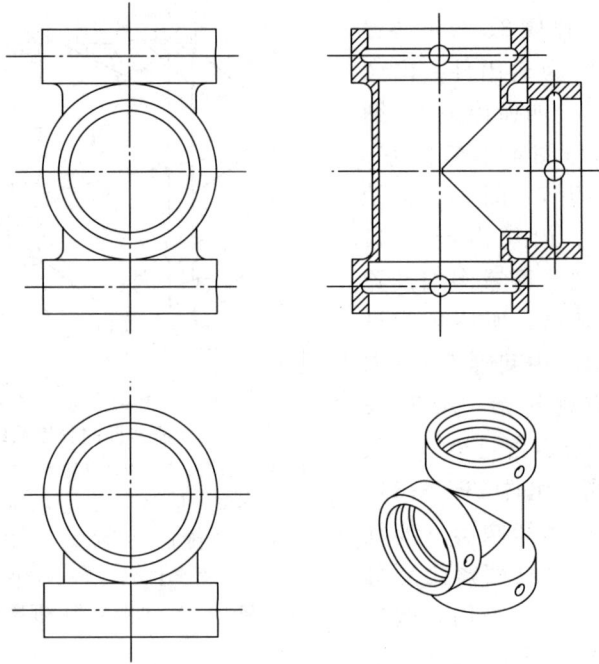

图 4　三通接头示意图

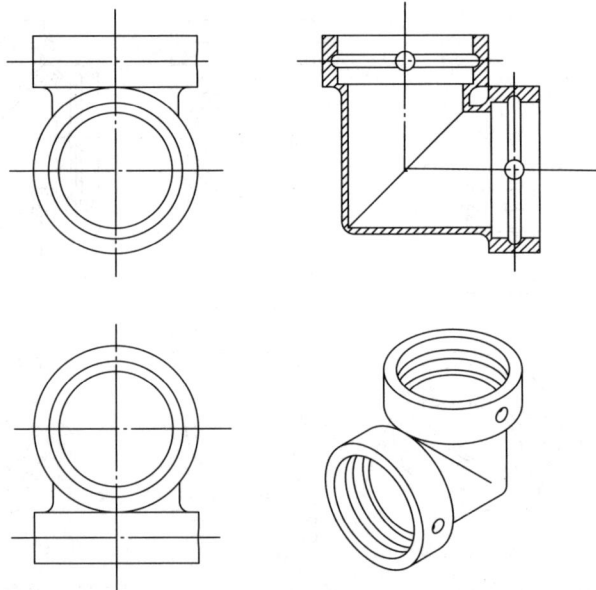

图 5　弯接头示意图

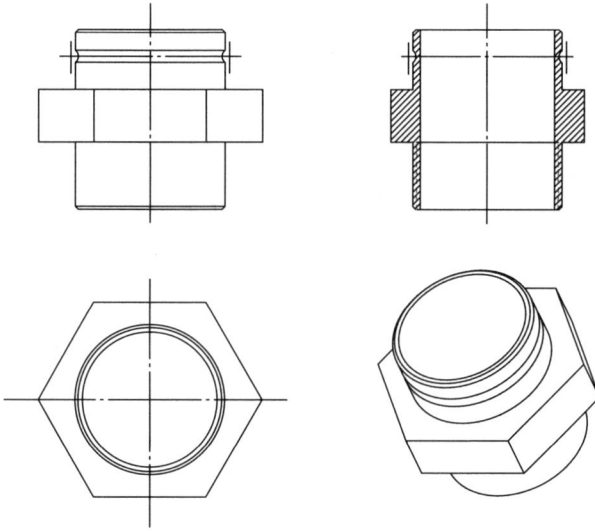

图 6　外丝接头示意图

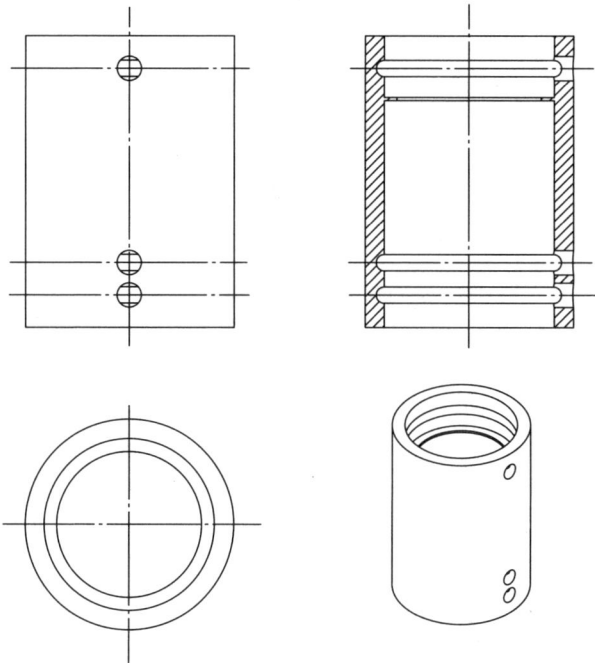

图 7　活动接头示意图

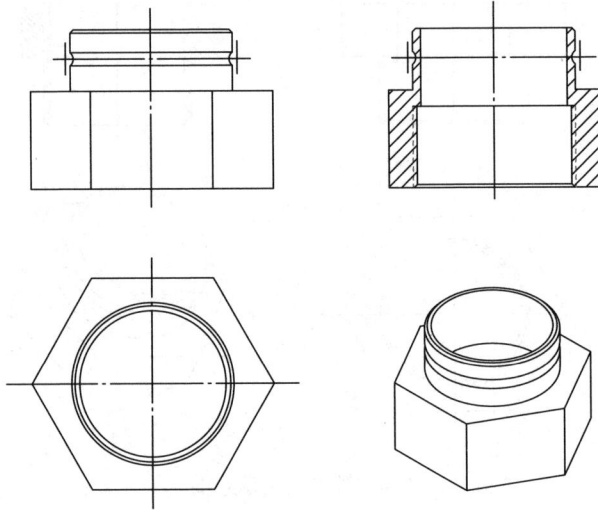

图 8　内丝内接头示意图

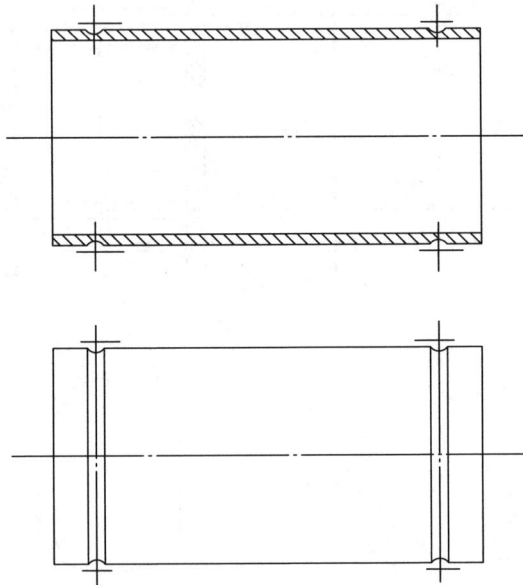

图 9　中间管道示意图

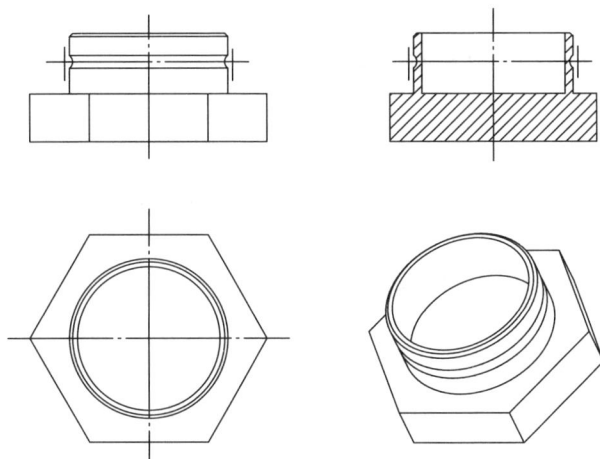

图 10　堵头示意图

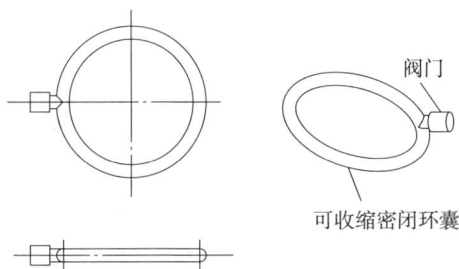

阀门

可收缩密闭环囊

图 11　可收缩密闭环囊—阀门组件示意图

二、可快速装拆的管道系统的工作原理

将中间管道 3 的一端插入接头（包括内丝外接头 2、四通接头 4、三通接头 5、弯接头 6、外丝接头 7、活动接头 9、内丝内接头 11）的一端，使接头内的环槽与中间管道 3 的密封槽对齐。然后，将气体或液体经阀门注入可收缩密闭环囊，使其膨胀并填满接头内的环槽与中间管道 3 的密封槽形成的圆环状空隙，同时达到一定的压力值。这样既可将中间管道 3 与接头固定连接在一起，又能阻止管道内输送的物料泄漏，还能防止接头与中间管道 3 受到反向拉力时脱离。按照此法，根据需要将外部设备 1（如水泵）、闸阀 8、外部装置 10（如水龙头）、堵头 12 等安装好，形成一个完整的管道系统。需拆除管道系统时，只需开启可收缩密闭环囊—阀门组件 13 的阀门开关，使注入的气体或液体排出，可收缩密闭环囊即会收缩，将中间管道 3 拔出，使中间

管道 3 与接头分离。依此法，即可快速、方便地拆除整个管道系统。

三、可快速装拆的管道系统的应用

在农业抗旱排涝应急救灾中使用时，将内丝外接头 2 设有内丝的一端与外部设备 1（如水泵）的输出端连接，将中间管道 3 的一端插入内丝接头 2 设有环槽的一端，内丝外接头 2 内的环槽与中间管道 3 的密封槽对齐。然后，将气体或液体经阀门注入可收缩密闭环囊，使其膨胀，填满内丝外接头 2 内的环槽与中间管道 3 的密封槽形成的圆环状空隙，并达到一定的压力值，从而将中间管道 3 与内丝外接头 2 固定连接在一起。这样既可阻止管道内输送的物料泄漏，也可防止内丝外接头 2 与中间管道 3 受到反向拉力时脱离。再依据将所需接头内的环槽与中间管道 3 的密封槽对齐，然后，将气体或液体经阀门注入可收缩密闭环囊，使其膨胀，将接头与管道固定连接，根据需要安装中间管道 3、四通接头 4、三通接头 5、弯接头 6、外丝接头 7、闸阀 8、活动接头 9、外部装置 10（如水龙头）、内丝内接头 11、堵头 12 等，形成一套完整的管道系统。

当应急救灾任务完成需要将此管道系统拆除时，只需开启可收缩密闭环囊—阀门组件 13 的阀门开关，使注入的气体或液体排出，可收缩密闭环囊即会收缩，将中间管道 3 拔出，使中间管道 3 与接头分离。依此法，即可快速、方便地拆除整个管道系统，便于下次使用。

此管道系统可应用于各种大、中、小型软管和硬管。当应用于软管时，只需另行制作密封槽部件（或将中间管道 3 的密封槽端切下合适的一段），将软管固定安装于密封槽部件即可，其他部件和使用方法不需改变。

四、结论

可快速装拆的管道系统可快速安装和拆卸，整个管道系统可多次重复利用，应用于农业抗旱排涝应急救灾时，快速高效，节约资源，节省费用。同时，该管道系统也能用于其他各种大、中、小型硬管、软管系统。

（原载《湖南农业》2022 年第 4 期，篇幅有所增加）

六、其他农机具研究篇

WF－402 履带式旋耕拖拉机的研制

一、研制 WF－402 履带式拖拉机的目的、拖拉机的研究现状及发展趋势

（一）研制 WF－402 履带式拖拉机的目的

研究开发履带式拖拉机，主要是为了解决我国南方地区普遍应用的小型拖拉机用途单一，不能应用于田间耕作而造成的设备利用率不高、浪费资源等问题，同时满足南方地区水田的适应性、保护性耕作的实际需要。

现有的大、中型拖拉机功率大、作业效率高，是拖拉机的主要发展趋势。但是，我国幅员辽阔，农业人口众多，人均耕地少，而且地形、地貌千差万别，特别是南方地区，多山地、丘陵。小型拖拉机由于其小巧、机动灵活、价位低，因而受到广大农民的欢迎，特别是农村的短途运输。但小型拖拉机在田间耕作上存在很大的缺陷，主要是转向阻力太大，极易打滑，甚至无法转向，在附着力较差的田地中无法进行耕作。所以，目前几乎没有用户将这种拖拉机实际用于田间耕作，造成小型拖拉机用途单一、设备利用率不高、浪费资源等问题。为了克服上述小型拖拉机田间耕作的不足，使其具备多种用途，提高机器利用率，节约资源，有必要深入研究并开发履带式拖拉机。

（二）拖拉机的研究现状及发展趋势

1. 国外拖拉机的研究现状及发展趋势

20 世纪 90 年代以来，国外拖拉机工业已进入现代化发展的新阶段。产品的更新速度加快，产品系列化进一步完善，大部分产品实现了机电一体化、智能化，外观轿车化，高效节能。其特点是：

（1）拖拉机系列品种进一步完善，产品技术性能不断提高。国外几家著名的拖拉机制造企业的技术发展，都是以其主导的 2～3 个拖拉机及配套柴油机的短系列产品为基础，不断改进、扩展或派生出新的系列产品，进行

系列化生产。然后开发其主导产品的变型机及其配套作业的机具,拓宽主导产品的用途和功能。同时使其产品的覆盖面向相关的领域拓展,以扩大产品的品种和应用范围,在更大范围内占有市场。如迪尔公司为 4000 系列配套的机具有后挖斗、前推土铲、后刮板、松土机、清扫机、前装载机具、割草机、开沟机、清雪机、灭茬播种机等十种类型的土方、草坪和环卫机具。

拖拉机产品性能向高效作业机械发展,如发展高速、宽幅或耕整、播种、施肥、灌溉等复式作业机械,以及与其配套的大功率拖拉机或无人驾驶拖拉机。应用先进的电子技术和新型传动系统是主要的竞争武器,如 AGCO 公司在北美推出的无级变速箱和前悬架系统。这种变速箱在换挡时没有时间损耗,加速快,行驶速度可以无级调节。该拖拉机还装有主动式前悬架系统和悬吊式驾驶室。

(2) 全面实现机电液一体化、智能化。国外大中型拖拉机均已利用微电子技术及计算机技术、激光技术、传感技术等高新技术对产品安全、节能、工作装置操作、工作状态、故障自诊断、不解体检测等进行控制和报警,取得了极佳的经济效益、社会效益。如 CASE 公司新推出的 MxMagnum 系列拖拉机,其技术核心是设置了"控制器区域网络",它能收集拖拉机上的电子控制装置和机具之间的信息,有自动补偿和自行诊断故障功能。迪尔公司从 8000 系列开始已在拖拉机上装有整机故障诊断装置,可在田间随时诊断出拖拉机工作中所发生的故障,并给出相应卫星定位导航的"绿星"(Green Star) 精密农业(Precision Farming)系统。

(3) 制造水平进一步提高,计算机数控技术(CNC),新材料、新工艺广泛应用,大大提高了产品质量、寿命和可靠性。

(4) 零部件的标准化、通用化程度进一步提高,最大限度地简化维修是国外先进技术发展的一个重要标志。

(5) 液压技术朝着高压、高速、大流量、大功率、静动态特性好的闭式环路发展,且向结构简单、重量轻、成本低,可靠、耐用的高水平方向发展。同时进一步与微电子技术结合,最大限度地提高功率、利用率,减少无用功消耗,使拖拉机发动机始终处于最佳工作状态,减少能耗。此外,静液压传动技术开发应用在 20 世纪 90 年代又有了进一步突破。

2. 国内拖拉机产业现状

随着国内拖拉机市场需求的启动,未来发展前景看好。我国很多企业都介入了拖拉机的开发和生产,国外的拖拉机企业也改变了过去单一的产品方式,纷纷在我国独资或合资进行拖拉机生产。国内拖拉机市场已经形成了国际化的竞争局面。

国内生产拖拉机的自主品牌企业主要有中国一拖生产的东方红拖拉机、山东时风集团有限责任公司生产的时风、福田雷沃国际重工股份有限公司制造的福田雷沃等。

我国通常将功率小于 18.4 kW 的拖拉机称为小型拖拉机，该产品属于低技术水平、量大面广的普及型产品，多年来产品技术发展缓慢，同质化程度高，其技术特征是采用单缸卧式柴油机装在一个机架上，由 V 型带传递动力，然后输入横置式变速箱。小型多功能拖拉机的产生和发展最初以传动离合器手扶拖拉机、大中型拖拉机为主体。改革开放以来，两种机型越来越不适应农村运输的需求，手扶拖拉机逐渐以田间作业为主，大中型拖拉机因上下坡安全性能差，爬坡能力和制动性能差而逐渐减少。目前，在南方有一种使用广泛的小型拖拉机。这种拖拉机由原来的手扶式拖拉机演变而来，拖拉机牵引机头上有两个驱动轮，需配上拖挂部件（拖箱、从动轮或带从动轮的其他机具）才能行走。牵引机头和拖挂部件通过牵引销活动铰接，其转向方式是通过强行折腰，强制牵引机头和拖挂部件绕牵引销发生相对转动，使前轮和后轮的行走方向形成一定的夹角实现转向。这种拖拉机用于农村的短途运输很受农民欢迎，但在田间耕作上存在很大的问题，主要是转向阻力太大，极易打滑，甚至无法转向，在附着力较差的田地中无法进行耕作。所以，目前几乎没有用户将这种拖拉机实际用于田间耕作。20 世纪 80 年代末，手扶拖拉机改为方向盘式拖拉机，由于方向盘拖拉机为前驱动，一些地方在方向盘式拖拉机的基础上，改用后轮驱动、盘式方向控制和液压自卸拖厢，研制并生产出一种新机型。该机型既能用于农村运输，又能从事犁耙、烘干、加工、脱粒、抽水、发电等多功能作业。

3. 国内拖拉机的发展趋势

（1）平均功率不断增大。无论是农业用拖拉机还是工业用拖拉机，为了提高单机的作业生产率，平均功率持续增大，但增长的速率已有降低趋势。

（2）在农业拖拉机中，轮式拖拉机占绝对优势。我国虽仍有部分履带式拖拉机在使用，但所占比重在不断下降。在工业拖拉机中，尤其是推土机、挖掘机等机型，履带式仍占绝对优势。随着拖拉机功率的增大，四轮驱动拖拉机得到较快的发展。液压转向装置的应用能解决这种机型的转向困难问题，铰接式转向能大大减小转向半径，这些因素促进了大功率四轮驱动拖拉机的发展。为了提高在水田中的牵引附着性能和通过能力，中小功率轮式拖拉机的四轮驱动变型也获得了较快的发展。

（3）拖拉机的安全性、操纵轻便性和工作环境舒适性越来越受到重视。

设计制造良好的驾驶室和各种仪表不仅能改善驾驶员的工作条件，保证安全，还能提高劳动生产率和工作质量。

（4）拖拉机及其零部件的系列化、通用化、标准化，是方便生产、使用，降低制造成本和简化配件供应的重要措施。为了能以较少基本型号的拖拉机满足拖拉机市场多方面的需求，采用的策略是，发展具有两个或两个以上功率等级的、有一定有机联系的拖拉机基本型号及其相应的变型，构成系列产品，使产品之间的零部件具有最高的通用化程度，从而加大通用零部件的生产批量；在同一条加工线上生产相似的零件，在同一条装配线上装配相似的部件和相邻等级的拖拉机。这有利于充分利用生产能力和降低生产成本。

（5）液压技术在拖拉机上的应用日益广泛。在现代拖拉机，尤其在大型拖拉机上，几乎所有主要部件的操纵都采用液压装置，如离合器、变速箱的动力换挡、差速锁、制动器和转向机构等。在某些拖拉机上，连座位的调整、玻璃窗的启闭也都采用液压装置。电子—液压控制的悬挂系统已在某些拖拉机上采用。这种装置由于操纵开关布置上的方便，液压管路可相应缩短，在大型拖拉机上将会得到更多的应用。

（6）拖拉机某些构件长期承受随机交变载荷，会引起疲劳损坏，影响拖拉机的工作可靠性和寿命。为了进一步提高产品质量，大型拖拉机公司都投入了较多资金和人力，制取在各种工况下零件载荷谱，组织模拟试验和应力分析，在积累大量实验数据的基础上编制电子计算机软件，进行优化设计。这不仅能提高产品质量，还可缩短新产品的研制周期。先进的拖拉机生产企业都已应用电子计算机辅助设计（CAD）手段进行产品设计。优化设计的研究和应用也日渐受到重视。

二、WF－402 履带式拖拉机的设计思路、技术原理及技术创新点

（一）设计思路

WF－402 履带式拖拉机的主体设计思路基于市场需求和用户需要，以 124D 型拖拉机为基础，保持原有机型主要结构和特点，如柴油机、主变速箱等，如图 1 所示。通过万向节、传动轴与分变速箱连接，再由传动轴将其动力传至挂车增设的最终传动装置，从而实现拖拉机的四轮驱动。

（二）技术原理

WF－402 履带式拖拉机是将现有折腰式拖拉机牵引机头的左右两个驱动轮置换为履带，并在驱动半轴上分别安装可独立工作的制动器。当一侧的制

图 1　124D 型拖拉机实物

动器工作发生制动时，该侧的履带在制动阻力作用下减慢或停止行走，而另一侧的履带继续行走，导致机头改变行驶方向，实现转向；当有一侧履带遇到附着力小而打滑时，操作该履带的制动器，给该履带加上阻力制止打滑。这样，在附着力较差的田地上也很容易转向，且转弯半径很小，有效解决了轻型拖拉机的田间耕作问题，能满足南方地区水田作业的适应性和保护性耕作的需要。

（三）技术创新点

1. 创新利用差速器和独立制动实现转向

在底盘差速器输出的两个驱动半轴上分别安装可独立控制的制动器实施单边制动，由两根转向操纵杆分别控制驱动半轴而实现转向；制动踏板则同时控制两个制动器实现刹车。不再依靠后折腰转向，在水田中作业时转向灵活自如，如图 2 所示。

2. 首创拖拉机由牵引机头和拖挂部件组成

牵引机头实现履带式、轮式共用同一底盘，拖挂部件的轮胎可拆下替换牵引机头的履带，从而方便牵挂货厢进行短途运输，如图 3 所示。

3. 首创耕作机具拖挂架

该装置取代了传统的三点悬挂装置，拖拉机在田头转弯时（尤其是转急弯），拖挂架能使耕作机具不需提升，就能不带泥土横向移动，从而不造成坑凼，保持田头平整，这是其他大中型拖拉机不能做到的，如图 4 所示。详情可查看实用新型专利：一种牵引连接装置和一种耕作机具拖挂架。

转向操纵杆

转向操纵杆　制动泵

制动泵

制动踏板

滑槽

滑槽

制动器

差速器

制动器

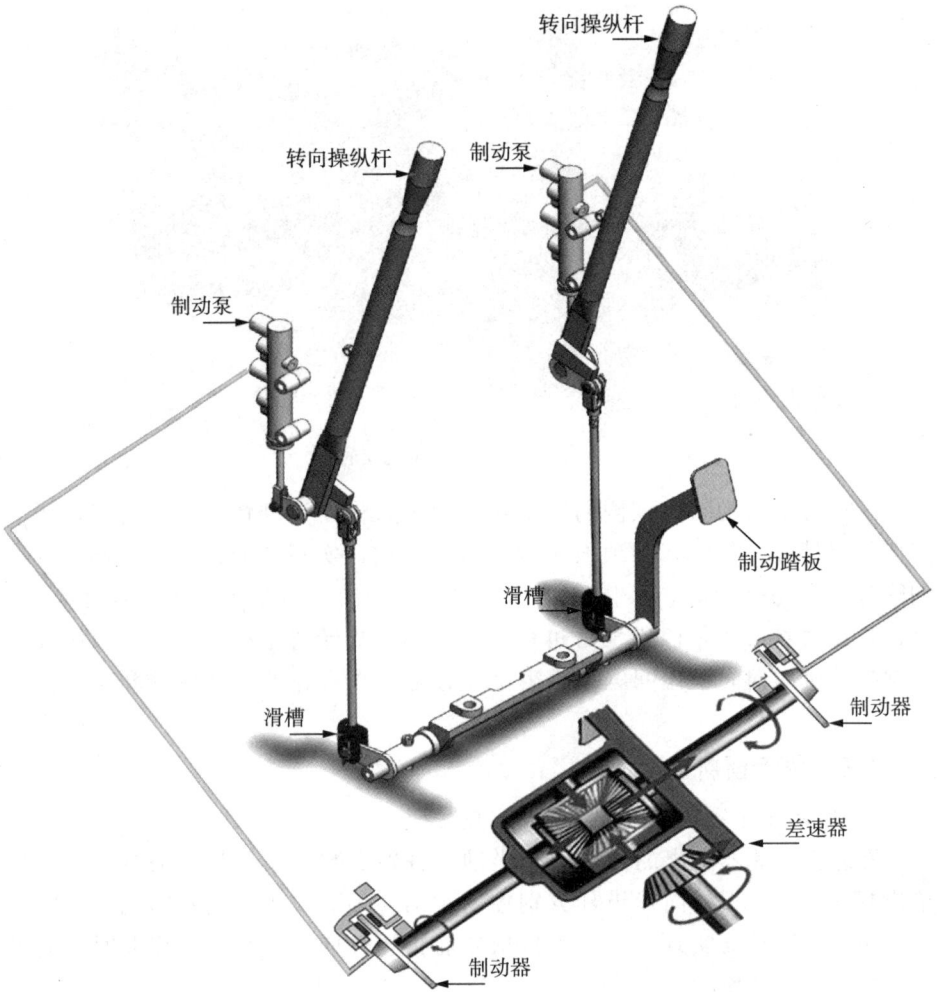

图 2　WF - 402 履带式拖拉机转向系统示意图

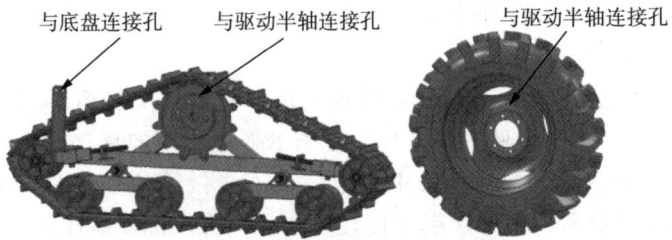

与底盘连接孔　与驱动半轴连接孔

与驱动半轴连接孔

图 3　履带式与轮胎式可互换

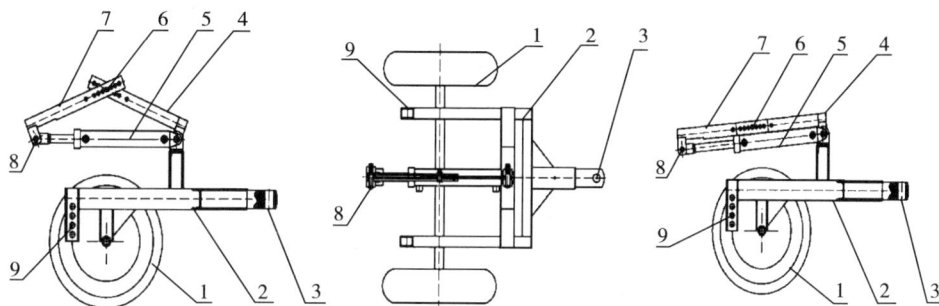

图 4　耕作机具拖挂架示意图

1—支承轮；2—机架；3—拖挂销轴孔；4—前限位杆；5—升降臂；

6—销轴；7—后限位杆；8—悬挂节点；9—挂接孔

三、WF－402 履带式拖拉机的外观、主要技术参数及计算说明

（一）WF－402 履带式拖拉机的外观

WF－402 履带式拖拉机实物如图 5 所示。

图 5　WF－402 履带式拖拉机实物

（二）主要技术参数

1. 主机

型号：WF－402；

驱动型式：履带/轮胎；

转向型式：操纵杆；

制动型式：液压；

最高车速（km/h）：12.0；

履带轨距（mm）：1050；

履带（节距×节数×宽）：90 mm×40 节×280 mm；

履带接地长（mm）：1220；

最小离地间隙（mm）：350；

最大牵引力（kN）：≥8.5；

最小转向直径（m）：≤5；

动力输出轴转速（r/min）：低挡：540，高挡：1800；

挡位数（前进/倒退）：6/2；

发动机与离合器连接方式：花键轴连接；

启动方式：电启动；

外廓尺寸（mm）：2340×1330×2220（长×宽×高）；

最小使用质量（kg）：1233。

2. 发动机

型号：SL2110ABK；

型式：立式、直喷式、四冲程、水冷；

排量（L）：2.224；

压缩比：17∶1；

标定功率（kW）：29.5（12 h）；

标定转速（r/min）：2400；

最大扭矩（N/m）：≥127.5；

最大扭矩转速（r/min）：≤1680；

燃油消耗率（g/kW·h）：≤244.8。

3. 配套旋耕机

旋耕机型号：1GN - 160；

旋耕幅宽（cm）：160；

耕深（cm）：旱耕 8～14，水耕 10～16；

生产率（hm²/h）：0.2～0.5；

挂接方式：三点悬挂；

传动方式：万向节传动轴；

传动类型：齿轮；

刀辊转速（r/min）：200；

旋耕刀型式：IT225；

旋耕刀数量（把）：40；

旋耕刀排列方式：螺旋。

4. 配套货厢（短途运输）

车厢内部尺寸（mm）：2000×1500×400（长×宽×高）；

装载质量（kg）：1000；

轮胎规格：6.50—16。

（三）各挡速度的计算

传动系统原理如图6所示。

低速挡的传动比为：

低Ⅰ挡：$13/33×152/555×8/39×19/49≈0.008581$（$1/116.54$）

低Ⅱ挡：$19/29×152/555×8/39×19/49≈0.014272$（$1/70.07$）

低Ⅲ挡：$30/27×152/555×8/39×19/49≈0.024204$（$1/41.32$）

倒Ⅰ挡：$19/21×13/33×152/555×8/39×19/49≈0.007764$（$1/128.80$）

理论速度（履带）：

低Ⅰ挡：$2400×1.08×60/1000×0.008581≈1.335$ km/h

低Ⅱ挡：$2400×1.08×60/1000×0.014272≈2.220$ km/h

低Ⅲ挡：$2400×1.08×60/1000×0.024204≈3.764$ km/h

倒Ⅰ挡：$2400×1.08×60/1000×0.007764≈1.208$ km/h

高速挡的传动比为：

高Ⅰ挡：$13/33×8/39×19/49≈0.0313$（$1/31.95$）

高Ⅱ挡：$19/29×8/39×19/49≈0.05211$（$1/19.19$）

高Ⅲ挡：$30/27×8/39×19/49≈0.088377$（$1/11.32$）

倒Ⅱ挡：$19/21×13/33×8/39×19/49=0.02835$（$1/35.27$）

理论速度（履带）：

高Ⅰ挡：$2400×1.08×60/1000×0.0313≈4.868$ km/h

高Ⅱ挡：$2400×1.08×60/1000×0.05211≈8.104$ km/h

高Ⅲ挡：$2400×1.08×60/1000×0.088377≈13.74$ km/h

倒Ⅱ挡：$2400×1.08×60/1000×0.02835≈4.409$ km/h

（四）发动机功率的验算

根据 GB/T 1147.1—2007《中小功率内燃机　第1部分：通用技术条件》要求进行计算：

WF-402 履带式拖拉机，配套动力为 SL21110ABK 柴油机，标定功率为 29.5 kW/h，转速为 2400 r/min。

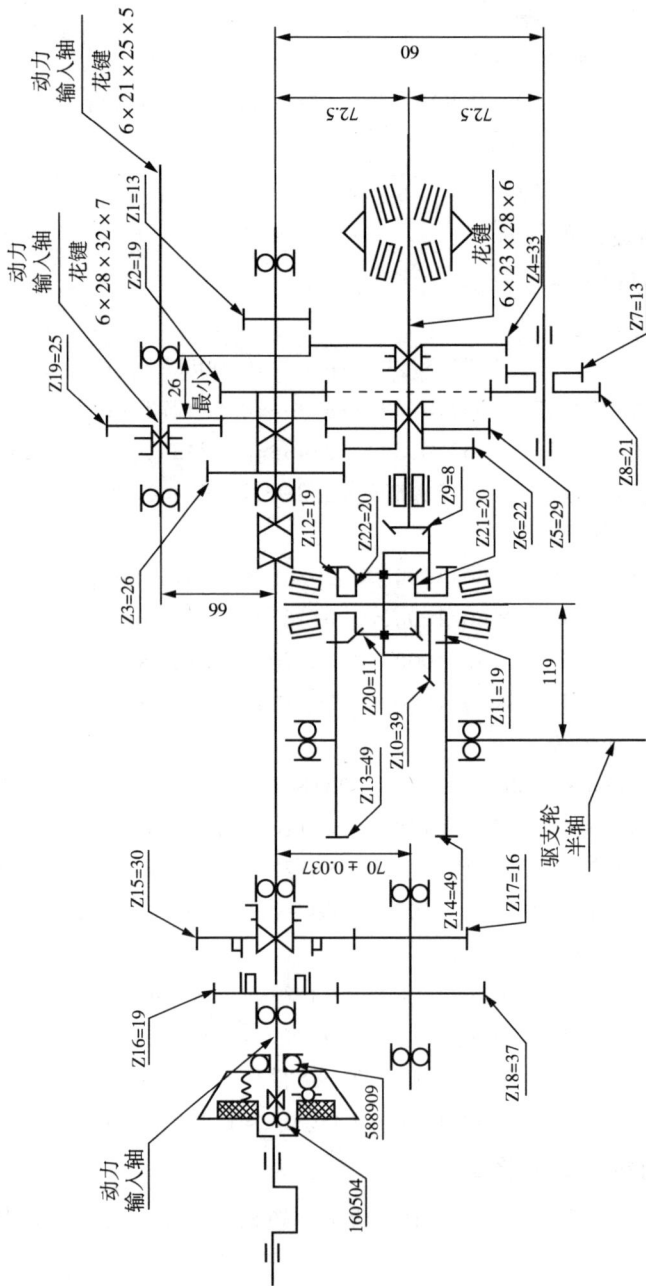

图6 传动系统原理

（五）履带式底盘的设计与确定

1. 履带式底盘的说明

底盘是拖拉机的重要部件，它对整个装置起着支撑作用。因此，需要根据农用履带式拖拉机对整个装置进行较完整的配合与加工等一系列设计。履带行走装置由"四轮一带"（驱动轮、支重轮、导向轮、拖带轮或张紧轮，以及履带）、张紧装置和行走机构组成。行走时，驱动轮在履带紧边产生一个拉力，力图把履带从支重轮下拉出。由于支重轮下的履带与地面有足够的附着力，阻止履带的拉出，迫使驱动轮卷绕履带向前滚动。导向轮把履带铺设到地面，从而使机体借助支重轮沿履带轨道向前运行。

大功率轮式拖拉机一般重量为 5500～8500 kg，接地面积比履带拖拉机的小，因此接地压力较大。经数年耕作后，在土壤的耕层下面将生成硬底层，不利于土壤的蓄水保墒和作物的生长。即使经过深度翻耙，依然会保持碎小的板结硬块，土层结构遭到了破坏，附着性能差，滑转率高。橡胶履带拖拉机牵引力大，适合重负荷作业（如耕、耙等），接地压力小，对农田压实、破坏程度轻，特别适合在湿地作业。除了田间作业，还可在农田基本建设和小型水利工程中用作推土机，综合利用程度较高。

根据轮式与履带拖拉机的特点，以及上述的比较分析，综合考虑后采用三角形式的"四轮一带"橡胶履带行走装置。

初步确定整机参数后，应计算其基本性能是否满足预期要求，判断整机参数选择是否合理。其主要内容是关于牵引性能的计算。

2. 牵引功率计算

根据 GB/T 3871.9—2006《农业拖拉机试验规程 第 9 部分：牵引功率试验》要求进行计算。

计算工况：计算时所用的工况一般为，在使用重量状态和水平区段的茬地上（对旱地是适耕适度的茬地，对水田是中等泥脚深度的茬地），带牵引负荷（牵引线与地面平行）全油门等速行驶。

（1）履带式传动的驱动力 P_q

$$履带式传动 \ P_q = \frac{M_\theta i \sum \eta_0}{r d_q} \text{kgf}$$

式中：M_θ——发动机转矩 kgf；

$\quad i_\Sigma$——各挡总传动比；

$\quad \eta_0$——各挡总传动效率；

$\quad r_{dq}$——驱动轮动力半径。

$$G_{smax} = 2L_o b q_p \ G_{smax} = 1.5 p_{TN} \qquad P_{TN} = （1.1-1.2）P_T$$

式中：G_{smax}——最大使用重量；

L_o——履带接地长度；

b——履带板宽度；

q_p——一般为 $0.35\sim0.5$ kgf/cm^2；

P_{TN}——额定牵引力；

P_T——牵引力。

经计算可得 $p_q=10$ kN。

（2）履带式传动的活动阻力 p_f

$$p_f=f\,G_s \text{ kgf}$$

式中：G_s——使用重量；

f——履带式一般取 0.1。

计算结果：$p_f=1.85$ kN。

（3）行驶速度 v

理论速度 $$v_t=0.377\,\frac{n_\theta r d_q}{i_\Sigma} \text{ km/h}$$

实际速度 $v=V_1\,(1-\delta)$ km/h。

式中：n_θ——发动机转速；

r_{dq}——驱动轮动力半径；

i_Σ——驱动轮滑转率（履带式一般取 0.07）。

计算结果：$v=(2.5\sim5)$ km/h。

（4）履带式传动的牵引效率 η_r

$$\eta_r=\eta_o\eta_f\eta_\delta\eta_q$$

式中：η_o——各挡的总传动效率；

η_f——流动效率；

η_δ——滑转效率；

η_q——履带驱动带效率（一般取 0.95）。

计算结果：$\eta_r=0.65$。

（5）履带机械的附着力 $P_{\psi\sigma}$（要求：附着力应大于或等于履带行走机构的牵引力且大于各阻力之和）

$$P_{\psi\sigma}=\psi_\delta G_\psi$$

式中：ψ_δ——一般取 0.75；

G_ψ——取 1230 kg。

计算结果：$P_{\psi\sigma}=9.075$ kN（符合要求）。

3. 转向最大驱动力矩的分析与计算

根据 GB/T 15833—1995《林业轮式和履带式拖拉机试验方法》要求进行计算。

（1）履带转向时的驱动力说明

履带行走装置在转向时，需要切断一侧履带的动力并对该履带进行制动，使其静止不动，靠另一侧履带的推动来进行转向，或者将两条履带同时一前一后运动，实现原地转向，但两种转向方式所需最大驱动力相同。因此以机器单条履带制动左转为例，如图 7 所示。

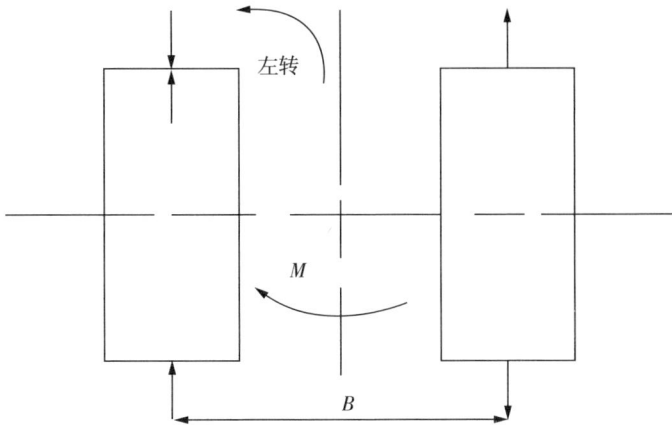

图 7 履带转左向示意图

左侧的履带处于制动状态，在右侧履带的推动下，整台机器绕左侧履带的中心点旋转，产生转向阻力矩 Mr，右侧履带的行走阻力为 $Fr/2$。一般情况下，履带接地长度 L 和履带轨距 B 的比值 $L/B \leqslant 1.6$。同时，L/B 值也直接影响转向阻力的大小，在不影响机器行走的稳定性及接地比压的要求下，应尽量取小值，也就是尽量缩短履带的长度，可以降低行走机构所需驱动力。

（2）转向驱动力矩的计算

履带绕其本身转动中心 O_1（或 O_2）作相对转向时，地面对履带产生的阻力矩如图 8 所示，O_1、O_2 分别为两条履带的瞬时转向中心。为便于计算转向阻力矩 M_r 的数值，假设机体质量平均分配在两条履带上，且单位履带长度上的负荷为

$$q = \frac{M}{2L}$$

式中：M—— 总质量（kg）；

L—— 履带接地长度（m）。

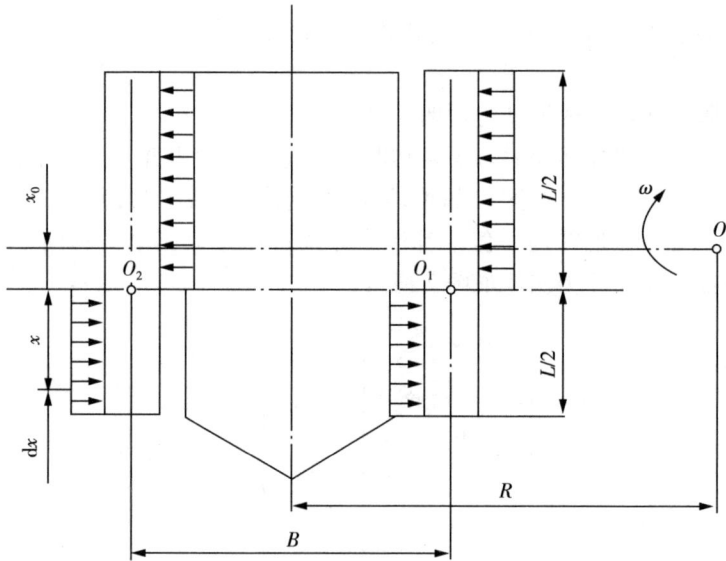

图 8　履带转向受力

$$q = \frac{M}{2L} = \frac{1230}{2 \times 1.22} \approx 504.1 \text{kg}$$

形成转向助力矩 M_μ 的反力都是横向力且均匀分布的。履带拖拉机牵引负荷在转向时存在横向分力，在横向分力的影响下，车辆的转向轴线将由原来通过履带接地几何中心移至 $O_1 O_2$，移动距离为 X_O。

根据上述假设，转向时地面对履带支承段的反作用力的分布为矩形分布。在履带支承面上任何一点到转动中心的距离为 x，则微小单元长度为 dx，分配在其上的车体重力为 qdx，总转向阻力矩如下式：

$$M_\mu = 2\left(\int_0^{\frac{1}{2}+x_0} uqx\,\mathrm{d}_x + \int_0^{\frac{1}{2}x_0} uqx\,\mathrm{d}_x\right)$$

式中：μ—— 转向阻力系数。

$$\mu = \frac{\mu_{\max}}{0.85 + 0.15\frac{R}{B}} = 0.45$$

式中：$\mu_{\max}$—— 车辆作急转弯时转弯的转向阻力系数；
　　　B—— 履带轨距。

将式 $M_\mu = 2\left(\int_0^{\frac{1}{2}+x_0} uqx\mathrm{d}x + \int_0^{\frac{1}{2}x_0} \mu qx\mathrm{d}x\right)$ 代入上式积分并简化得

$M_\mu = \dfrac{\mu G L}{4}$，即 $M_\mu = \dfrac{\mu G L}{4} = \dfrac{0.45 \times 1230 \times 1.22}{4} = 168.8175\,\text{N} \cdot \text{m}$

（3）转向驱动力矩（假设机器重心与履带行走装置几何中心相重合），把转向半径 $R > \dfrac{B}{2}$ 和 $0 \leqslant R \leqslant \dfrac{B}{2}$ 分别考虑

① 当转向半径 $R > \dfrac{B}{2}$，如图9所示，两侧履带都向前运动，此时两侧履带受地面摩擦阻力朝同一方向（即行驶的反方向），外侧、内侧履带受力分别为

$$F_{q2} = F_{f2} + \frac{M_\mu}{B}$$

$$F_{q1} = F_{f1} - \frac{M_\mu}{B}$$

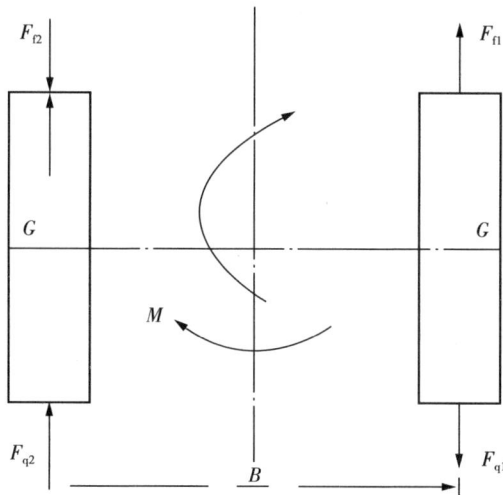

图9　此时转向示意图

② 当转向半径 $0 \leqslant R \leqslant \dfrac{B}{2}$，如图10所示，此时两侧履带受地面摩擦阻力朝反方向，外侧、内侧履带受力分别为

$$F_{q2} = F_{f2} + \frac{M_\mu}{B}$$

$$F_{q1} = -F_{f1} - \frac{M_\mu}{B}$$

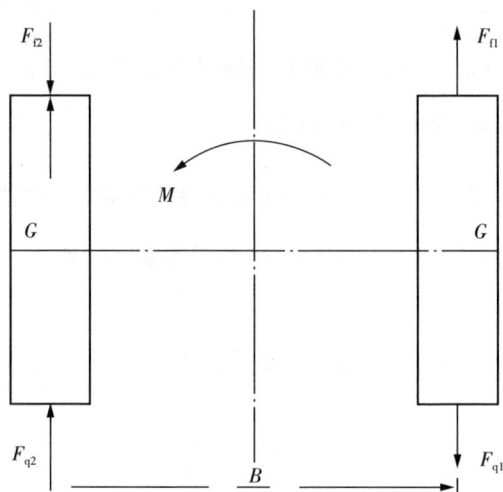

图 10　此时转向示意图

式中：F_{f1}，F_{q1}—— 内侧前进阻力和驱动力；

　　　F_{f2}，F_{q2}—— 外侧前进阻力和驱动力。

　　考虑机体的重心在中心位置，所以履带的前进阻力为

$$F_{f1} = F_{f2} = \frac{1}{2}Gf$$

式中：f—— 履带滚动阻力系数$\left(即\ F_{f1} = F_{f2} = \frac{1}{2}Gf = 1725\ \text{N}\right)$。

　　转向时的最大驱动力矩为

$$M_{\max} = \max\{F_{q1},\ F_{q2}\} \times r$$

式中：r—— 驱动轮节圆直径。

　　③ 大半径区 $R > \dfrac{B}{2}$ 转向行驶时主动轮上的力

$$F_{q2} = \frac{G}{2} \times \left(f + \frac{\mu\lambda}{2}\right)$$

$$F_{q1} = \frac{G}{2} \times \left(f - \frac{\lambda\mu}{2}\right)$$

小半径区 $0 \leqslant R \leqslant \dfrac{B}{2}$ 转向行驶时主动轮上的力

$$F_{q2} = \frac{G}{2} \times \left(f + \frac{\mu\lambda}{2}\right)$$

$$F_{q1} = -\frac{G}{2} \times \left(f + \frac{\mu\lambda}{2} \right)$$

式中：λ—— 转向比，$\lambda = \frac{L}{B}$。

转向时的最大驱动力矩为

$$M_{max} = \max\{F_{q1}, F_{q2}\} \times r$$

经过以上介绍及公式计算得 $M_\mu = 294.47 \text{ N} \cdot \text{m}$。

分别计算转向半径 $R > \frac{B}{2}$ 和 $0 \leqslant R \leqslant \frac{B}{2}$ 的情况，得到

$$M_{max} = F_{q2} \times r = 475.46 \text{ N} \cdot \text{m}$$

驱动轮上的最大驱动力矩为

$$M_{max} = F_{q2} \times r = 475.46 \text{ N} \cdot \text{m}$$

所得结果相同。

4. 传动装置的设计与计算

（1）履带的选择

履带支承长度 L、轨距 B 和履带板宽度 b 应合理匹配，使接地比压、附着性能和转弯性能符合要求。根据该机的设计参数，确定履带的主要参数为整机的重量。该机的初定整机重量为2t。

L_0 表示接地长度，单位为 m；h_0 表示履带的高度，单位为 m；G 表示整机重量，单位为 t。经验公式：

$$L_0 \approx 1.07 \sqrt[3]{G} = 1.07 \times \sqrt[3]{2} \approx 1.348 \text{ m} \quad 取 L_0 = 1348 \text{ mm}$$

$$L \approx L_0 + 0.35 h_0 = 1348 + 0.35 \times 950 = 1680.5 \text{ mm}$$

$$\frac{L_0}{B} \approx 1.2 \quad 即 B \approx 1123 \text{ mm}$$

$$\frac{b}{L_0} \approx 0.21 \quad 即 b \approx 280 \text{ mm}$$

履带节距 t_0 和驱动轮齿数 z 应该满足强度、刚度要求。在此情况下，尽量选择小的数值，以降低履带高度。

根据节距与整机重量的关系：

$$t_0 = (15 - 17.5) \sqrt[4]{G}$$

其中：t_0 的单位为 mm；

G 的单位为 kg；

L' 表示履带全长。

$$则 \ L' \approx 2L_{0+}\frac{zt_0}{2}+\left(\frac{1}{2}\sim\frac{2}{3}\right)t_0+2\triangle=4140 \ \text{mm}$$

根据计算的结果与实际的资料，选型号为 40 节，节距 90 mm，宽度 280 mm 的履带。

（2）接地比压

参照 GB/T 7586—2008《液压挖掘机 试验方法》要求进行计算。

拖拉机本身的重力很大，很容易陷入松软的土地中，加上履带后增大了与地面的接触面积，减小了压强：

$$L=L_2+0.35H_7$$

$$=1.22+0.35\times0.475$$

$$\approx1.386 \ \text{m}$$

$$E_a=\frac{g_nM}{2000W_4L}$$

$$=\frac{9.8\times1230}{2000\times0.28\times1.386}$$

$$=15.53 \ \text{kPa}$$

式中：L——履带接地总长度，单位为 m；

L_2——履带接地长度，单位为 m；

H_7——履带平均高，单位为 m；

E_a——接地比压，单位为 kPa；

g_n——标准重力加速度，取 9.8 m/s^2；

M——工作质量，单位为 kg；

W_4——履带板宽，单位为 m。

（六）驱动轮的计算

目前，履带啮合的设计标准中，各种齿形的设计方法很多，极不统一，主要有等节距啮合方式、亚节距啮合方式和超节距啮合方式。等节距啮合主要指履带节距与链轮节距相等。在等节距啮合时，履带啮合副是多齿传动，履带牵引力由啮合各齿分担，各个齿所受的负荷较小，此时啮合平稳、冲击振动小，使用寿命较长。但在实际中，等节距啮合只是一个理论概念，因为即使在设计上使履带与链轮节距相等，履带在使用过程中也产生节距变化

（如弹性伸长，履带销和销孔磨损伸长等），啮合实际上为超节距啮合。因图纸标注公差、制造误差等因素，使履带在一定范围内波动，导致履带与链轮的啮合要么是超节距，要么是亚节距，等节距啮合实际上很难存在于啮合过程中。在亚节距啮合过程中，链轮与履带销之间力的传递仅由即将退出啮合的一个链轮齿来完成，但对于频繁改变方向的机器，在减轻启动冲击方面非常有利，而且随着亚节距量的增加，作用更加明显。但在退出啮合时，履带销处于迟滞状态，严重时甚至由于运动干涉而不能退出啮合。因此，在设计过程中应根据工况，灵活采取相适应的设计方法，使履带销顺利进入和退出啮合，减少接触面的冲击，使齿面接触应力满足要求，减小磨损；使履带节距因磨损而增大时仍能保持工作而不掉链等。因此，综上考虑驱动轮选用链轮的设计方案。

1. 确定驱动轮主要尺寸（图 11）

根据相关数据得

分度圆直径：

$$d = \frac{p}{\sin\frac{180°}{z}} = \frac{84}{0.2079} \approx 404 \text{ mm}$$

$$d = \frac{p}{\tan\frac{180°}{z}} = \frac{84}{0.2126} \approx 395 \text{ mm}$$

$$d_{a\max} = d + 1.25P - d_r = 404 + 1.25 \times 84 - 48 = 461 \text{ mm}$$

齿根圆直径：

$$d_{a\min} = d + \left(1 - \frac{1.6}{z}\right)p - d_r = 406 + \left(1 - \frac{1.6}{15}\right) \times 84 - 48 \approx 431.6 \text{ mm}$$

$d_a =$ （431.6～461）mm，根据相关数据取 $d_a = 442$ mm。

分度圆弦高：

$$d_f = d - d_r = 404 - 48 = 356 \text{ mm}$$

$$H_{a\max} = \left(0.625 + \frac{0.8}{z}\right)p - 0.5d_r = \left(0.25 + \frac{0.8}{15}\right) \times 84 - 0.5 \times 42 \approx 4.48 \text{ mm}$$

$$H_{a\min} = 0.5(p - d_r) = 0.5 \times (84 - 48) = 18 \text{ mm}$$

$H_a =$ （4.48～18）mm，根据相关数据取 $H_a = 11.5$ mm。

2. 确定驱动轮齿槽形式

试验和使用表明，齿槽形状在一定范围内变动，在一般工况下对链传动的性能不会有很大影响。这样不仅为不同使用要求情况下选择齿形参数留有很大余地，而且各种标准齿形的链轮可以进行互换。

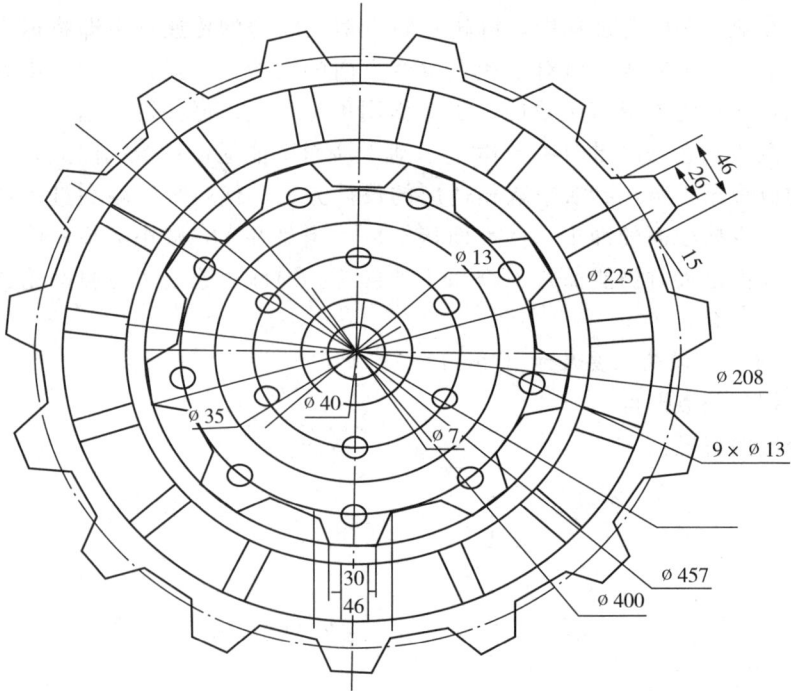

图 11 驱动轮

齿面圆弧半径 r_θ：

$$r_{\theta max} = 0.008d_r \ (z^2 + 180) \approx 155.52 \ \text{mm}$$

$$r_{\theta min} = 0.12d_r \ (z+2) \approx 98 \ \text{mm}$$

$$r_\theta = (98 \sim 155.52) \ \text{mm}$$

齿沟圆弧半径 r_i：

$$r_{i max} = 0.505d_r + 0.069 \sqrt[3]{dr} \approx 24.49 \ \text{mm}$$

$$r_{i min} = 0.505d_r \approx 24.24 \ \text{mm}$$

$$r_i = (24.24 \sim 24.49) \ \text{mm}$$

齿沟角 α：

$$\alpha_{max} = 140° - \frac{90°}{z} \approx 134°$$

$$\alpha_{min} = 120 - \frac{90°}{z} \approx 114°$$

$$\alpha = (114 \sim 134)°$$

四、总结

WF-402 履带式拖拉机在多次性能试验和生产试验的基础上，样机于 2014 年 4 月在双峰印塘进行系统的性能试验，累计时间 360 h，共旋耕作业 900 亩，可靠性考核中无致命故障和严重故障，并由湖南省农业机械鉴定总站检测，所检项目达到了设计要求和国家行业标准要求。2015 年 2 月，该机顺利通过了娄底市科技局组织的市级科技成果鉴定，居国内同类领先水平。该机结构紧凑，接地比压小，操作简单，田间转移方便，可配套多种农具，功能多样，具有良好的经济效益、社会效益和应用前景。

五、附录：主要部件图纸

主要部件图纸如图 12 至图 20 所示。

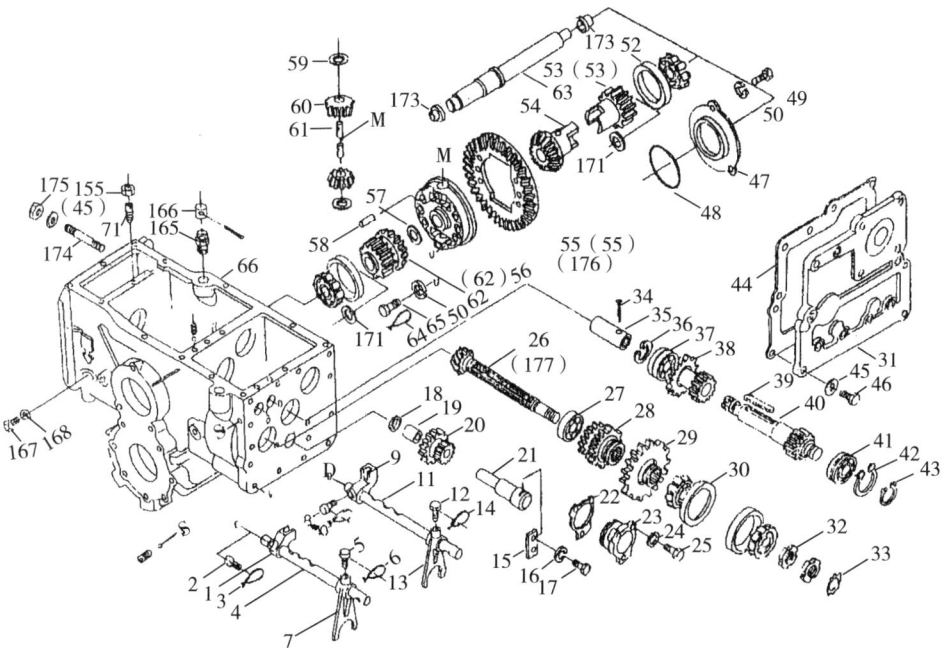

图 12 传动箱总成（一）

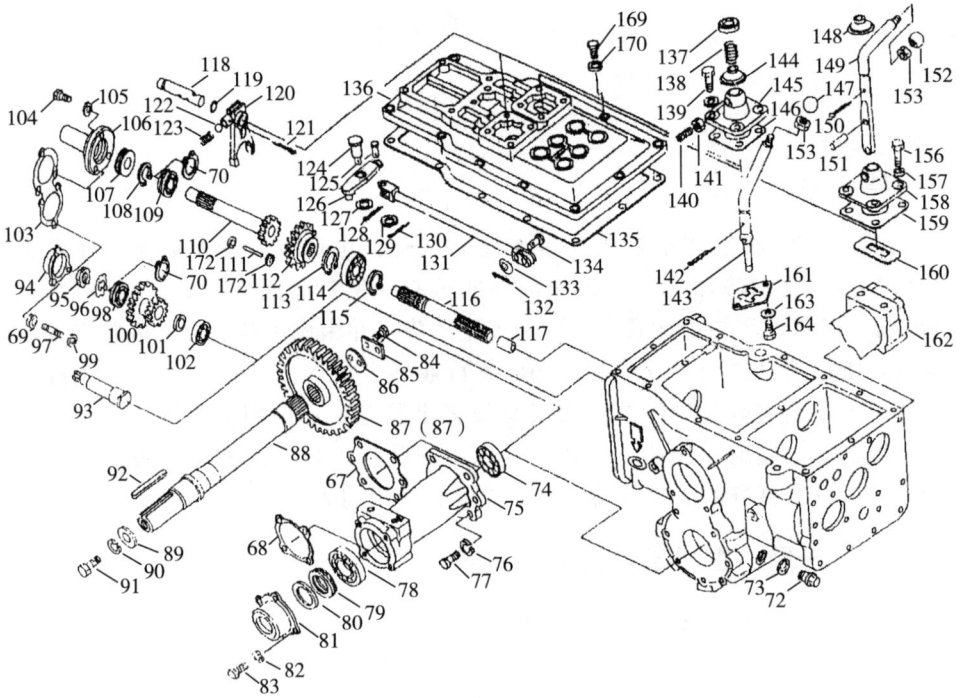

图 13　传动箱总成（二）

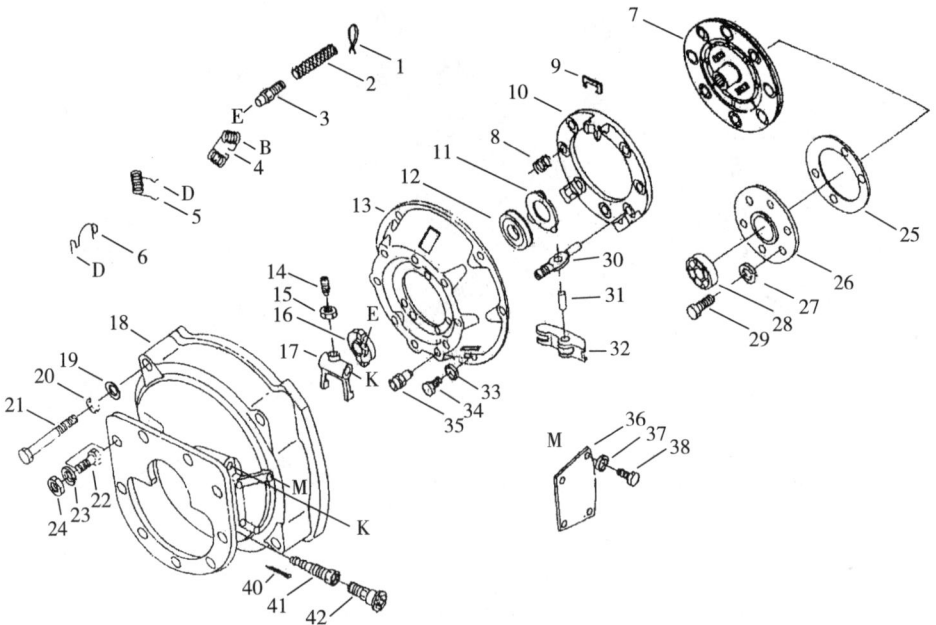

图 14　离合器总成

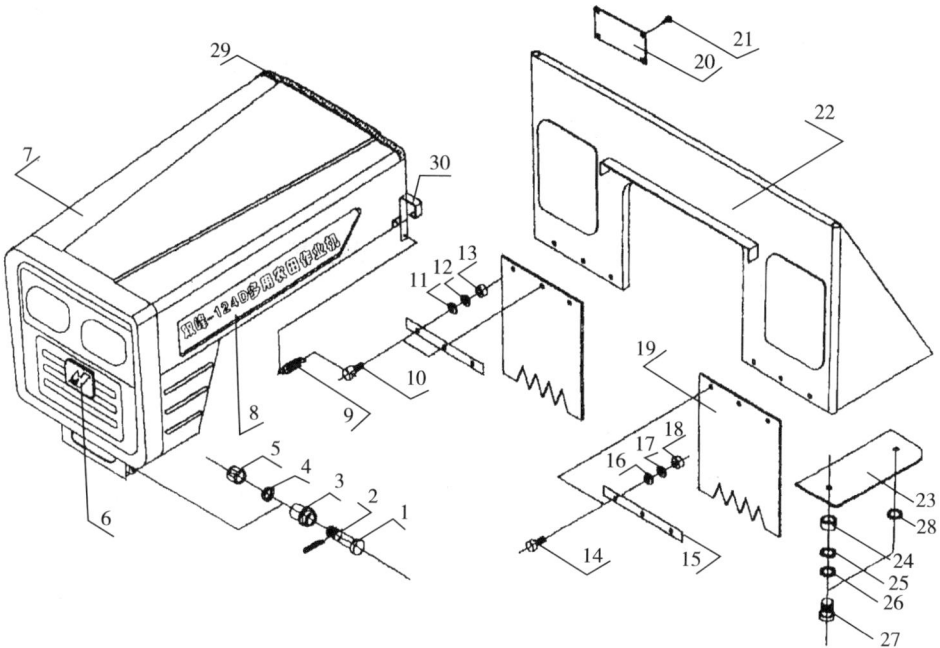

图 15　机罩及前接板总成

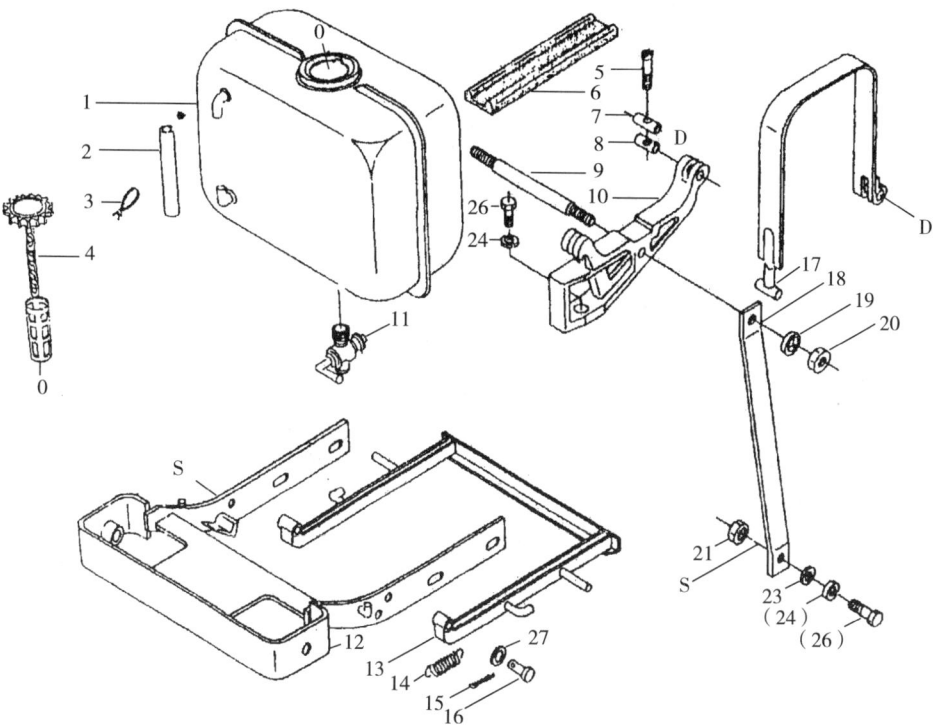

图 16　燃油箱及机架总成

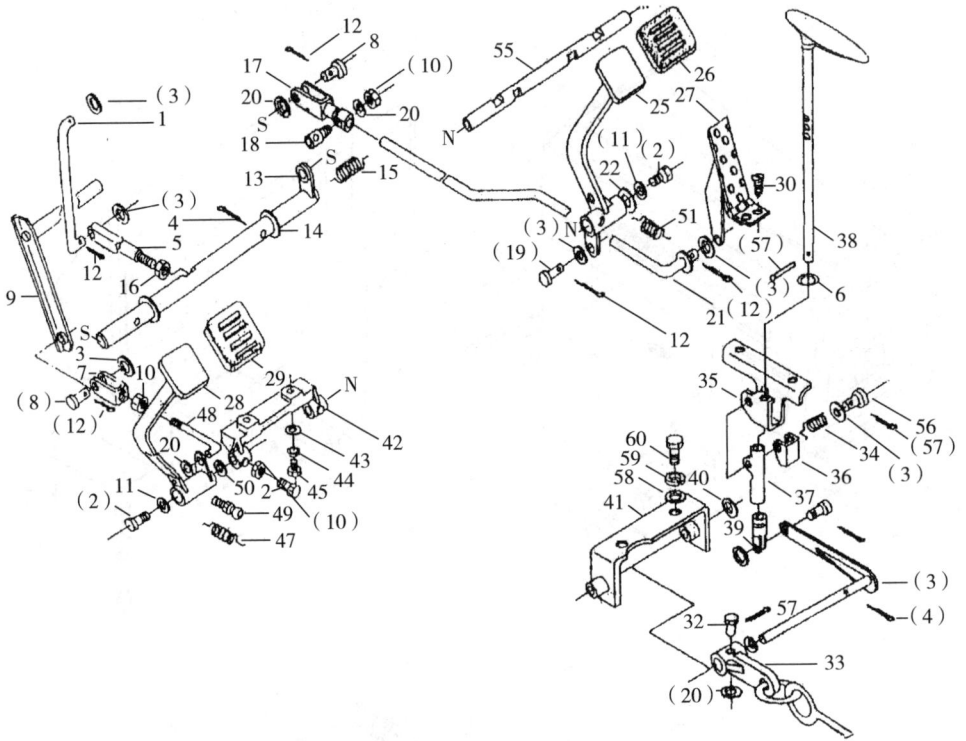

图 17 操纵机构总成

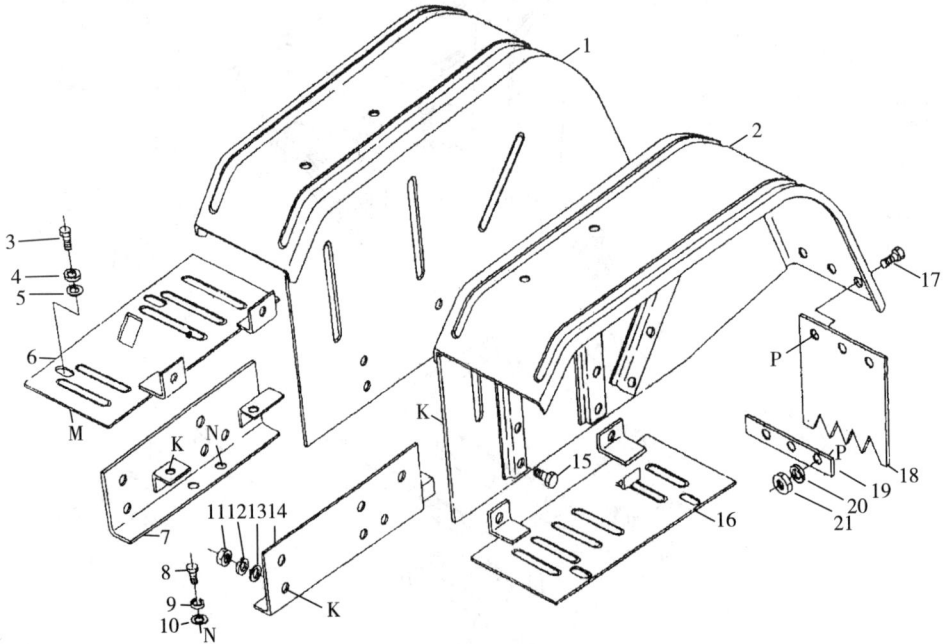

图 18 挡泥板及底板总成

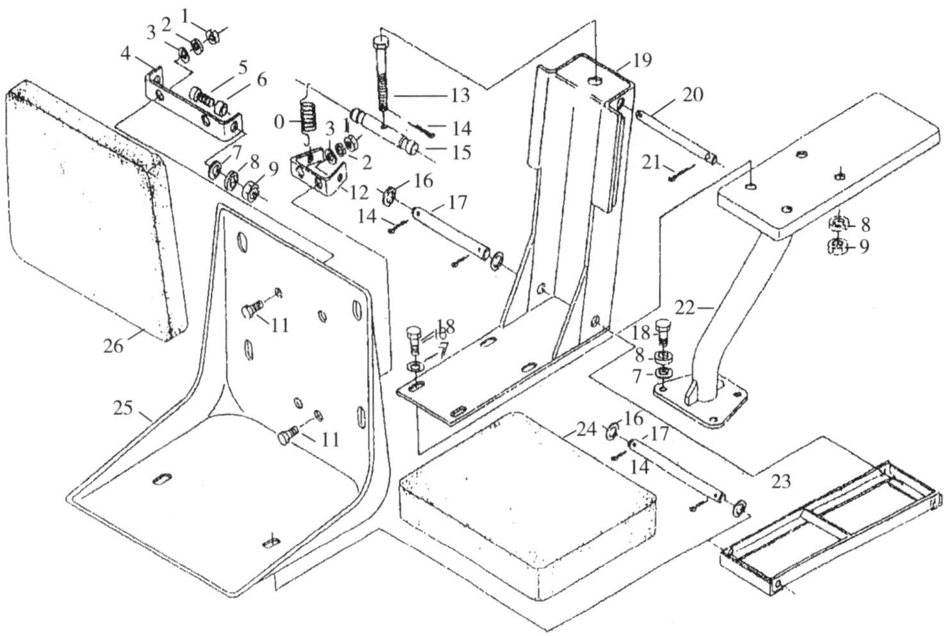

图 19 座椅总成

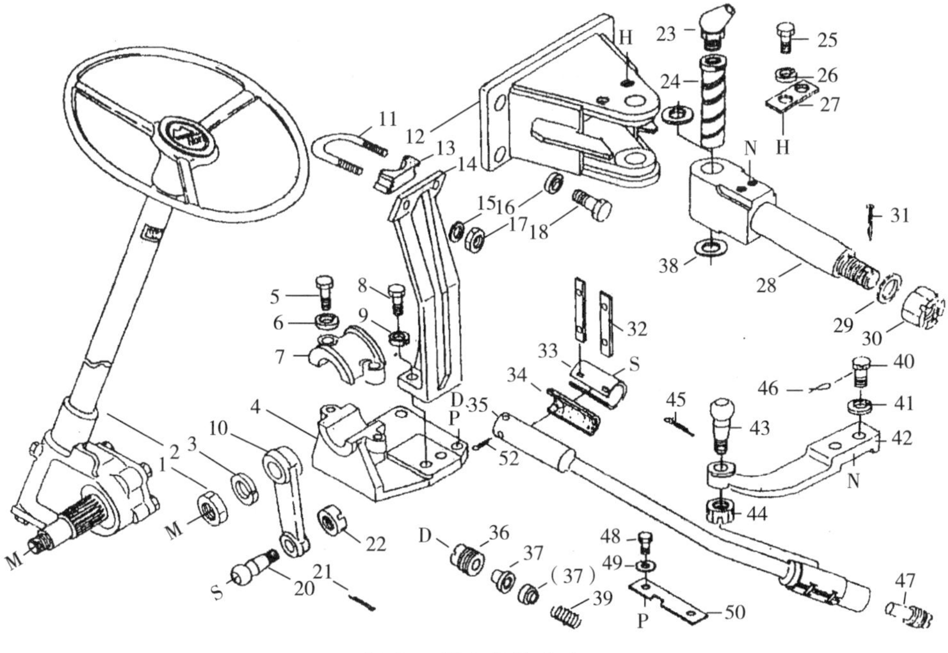

图 20 转向机构总成

便携式风扇研究

　　农民的工作环境较为恶劣，常常需要在野外进行繁重的体力劳动。在炎热的夏季，由于缺乏便于随身携带的风扇，农民在劳动过程中容易发生中暑等疾病。因此，研发一种便于随身携带的风扇显得非常必要。

　　国内外在便携式风扇的研究方面已经做出了一些努力，并生产了多种便携式风扇。然而，这些风扇由于电池容量小、风力不足、不便携带等原因，不适合农民在炎热的夏季进行户外工作时使用。为了解决这一问题，笔者设计了一种便携式风扇，并获得了专利权（专利号：ZL 201721380246.1）。

一、便携式风扇的结构

　　便携式风扇由以下组件构成：蝴蝶螺杆 1、电池组 2、固定带 3、定位块 4、支撑管 5、支撑架组件 6、风扇 7，以及电路和控制元件，如图 1 所示。

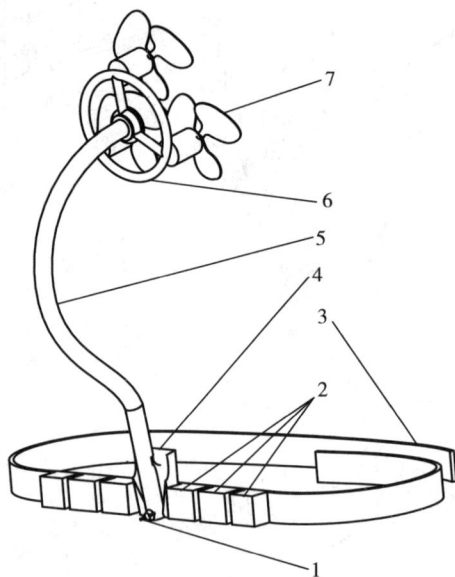

图 1　便携式风扇示意图

1—蝴蝶螺杆；2—电池组；3—固定带；4—定位块；5—支撑管；6—支撑架组件；7—风扇

二、便携式风扇的工作原理

通过设置以下各部件，该风扇既便于携带，又能提供充足的电量和足够的风力来散热，达到人体降温的效果。电池组 2、定位块 4 固定连接于固定带 3 上；定位块 4 上设有与支撑管 5 外径相配套的三条定位凹槽和与蝴蝶螺杆 1 相配套的螺纹孔；支撑管 5 下端设有供蝴蝶螺杆 1 穿过的通孔；支撑架组件 6 由圆片、支撑盘、圆环片组成，支撑盘采用空心管制作而成，其上设有风扇安装孔；支撑管 5 下端放置于定位块 4 的定位凹槽内，蝴蝶螺杆 1 穿过其下端的通孔，螺纹固定于定位块 4 的螺纹孔内，支撑管 5 上端与支撑架组件 6 的圆环片固定连接；风扇 7 固定安装于支撑盘上的风扇安装孔内；打开控制开关风扇 7 即开始转动，形成风，对人体进行散热降温。

三、便携式风扇的应用

便携式风扇的各部件包括：蝴蝶螺杆 1（图 2）、电池组 2 和固定带 3 的装配（图 3）、定位块 4（图 4）、支撑管 5（图 5）、支撑架组件 6（图 6）、风扇 7（图 7）。

图 2　蝴蝶螺杆 1 示意图

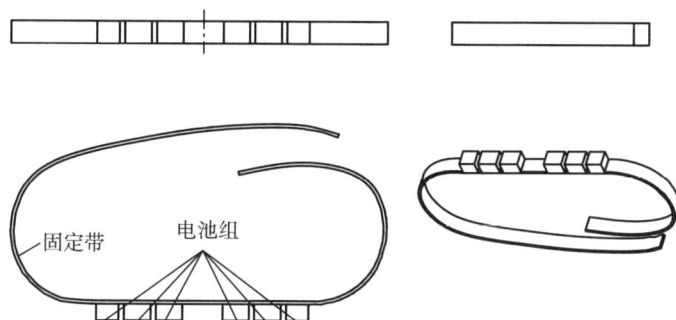

电池组 2、定位块 4 固定连接于固定带 3 上。定位块 4 上设有与支撑管 5 外径相配套的三条定位凹槽和与蝴蝶螺杆 1 相配套的螺纹孔。支撑管 5 下端设有供蝴蝶螺杆 1 穿过的通孔。支撑架组件 6 由圆片、支撑盘、圆环片组成。

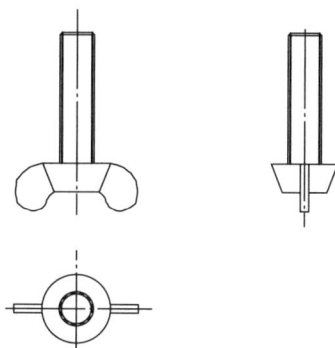

固定带

电池组

图 3　电池组 2 和固定带 3 的装配示意图

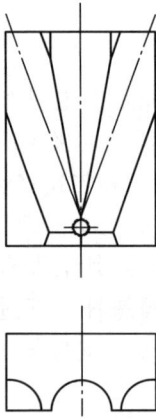

图 4 定位块 4 示意图

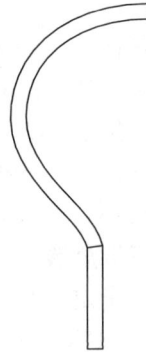

图 5 支撑管 5 示意图

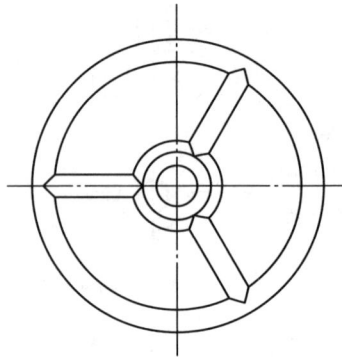

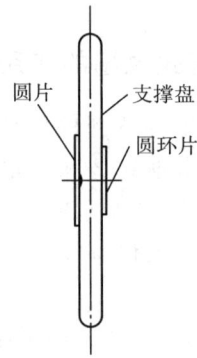

图 6 支撑架组件 6 示意图

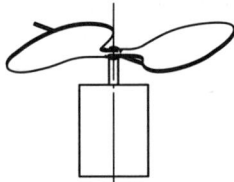

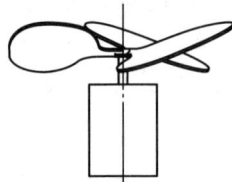

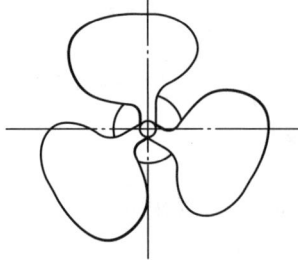

图 7 风扇 7 示意图

支撑盘采用空心管制作而成，其上设有风扇安装孔。支撑管 5 下端放置于定位块 4 的定位凹槽内，蝴蝶螺杆 1 穿过其下端的通孔，螺纹固定于定位块 4 的螺纹孔内，支撑管 5 上端与支撑架组件 6 的圆环片固定连接。风扇 7 固定安装于支撑盘上的风扇安装孔内。电路和控制元件主要布置于支撑管 5 和支撑架组件 6 的支撑盘的管内，在示意图中未画出来。

使用时，先根据需要将支撑管 5 置于定位块 4 的一条定位凹槽内，将蝴蝶螺杆 1 旋入定位块 4 的螺纹孔内并拧紧固定。再将固定带 3 固定于人的腰部，打开电路控制开关，使风扇 7 吹出的风吹向人的头部或其他需要部位。这样，就能降低人体表面温度，防止中暑等疾病的发生。不需使用时，从腰间拆开固定带 3，即可将该风扇拆下。然后将该风扇与充电装置相连，使电池充满电，以备下次使用。

四、结论

便携式风扇结构简单，携带方便。在炎热的夏季，可供户外工作者在工作时使用，一边工作一边吹风散热，防止中暑等疾病的发生；也可用于户外运动人员在运动时进行体表降温。

多用密封装置研究

在农业和农村中使用的管道由于环境恶劣（如在野外）与管路较长等原因，常常出现渗漏情况。在对管道的渗漏部位进行维修时，缺乏简易的密封装置来进行快速密封堵漏。因此，研发一种便于携带、用于管道维修的简易、快速密封装置是很有必要的。

国内外对管道维修的问题进行了一系列研究，也生产了许多用于管道维修的设备与装置，但这些设备和装置使用起来都比较烦琐，携带不便，难以实现快速密封堵漏的目标。

基于以上现状，笔者设计了一种多用途密封装置，并获得了专利权（专利号：ZL 201720505221.3）。

一、多用密封装置的结构

多用密封装置由固定带甲 1、收缩囊组件 2、进料阀门 3、密封主体 4、固定带乙 5 等组成，如图 1 所示。

二、多用密封装置的工作原理

将密封主体 4 的内腔罩住管道的渗漏部位，将固定带甲 1 的黏合层甲与固定带乙 5 的黏合层乙黏合，通过收缩囊组件 2 的收缩囊阀门向收缩囊注入气体或液体，使收缩囊膨胀，充满管道与密封主体 4 之间的空隙，从而使管道渗漏部位与外界完全密封隔离。然后，通过进料阀门 3 向密封主体 4 的内腔注入封堵物即可。

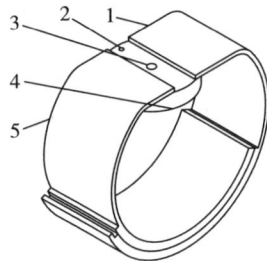

图 1　多用密封装置示意图
1—固定带甲；2—收缩囊组件；
3—进料阀门；4—密封主体；5—固定带乙

三、多用密封装置的应用

多用密封装置的各部件分别为：固定带甲 1（图 2）、收缩囊组件 2

（图 3）、进料阀门 3（图 4）、密封主体 4（图 5）、固定带乙 5（图 6）。

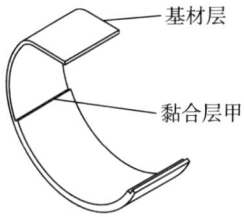

图 2　固定带甲 1 示意图　　图 3　收缩囊组件 2 示意图

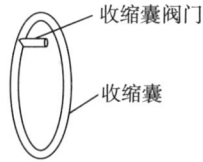

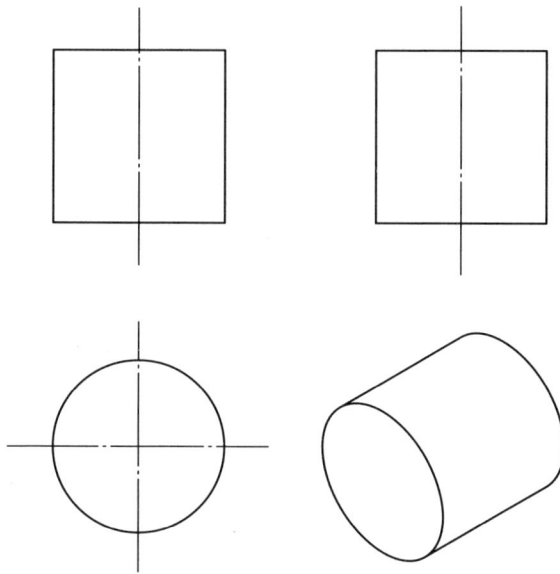

图 4　进料阀门 3 示意图

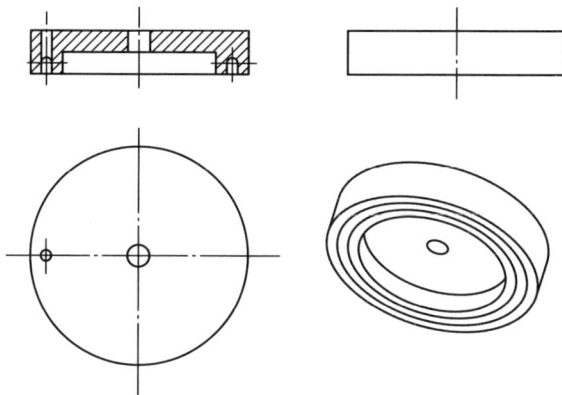

图 5　密封主体 4 示意图

密封主体 4 设有密封槽、收缩囊阀门
安装孔、进料阀门安装孔。固定带甲 1 由
基材层和黏合层甲组成，黏合层甲固定于
基材层相应部位。固定带甲 1 一端与密封
主体 4 固定连接。收缩囊组件 2 由收缩囊
和收缩囊阀门组成，收缩囊固定于密封主
体 4 的密封槽内，收缩囊阀门固定于密封
主体 4 的收缩囊阀门安装孔内。进料阀门

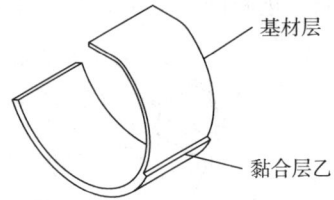

图 6　固定带乙 5 示意图

3 安装于密封主体 4 的进料阀门安装孔内。固定带乙 5 由基材层和黏合层乙组
成，黏合层乙固定于基材层相应部位。固定带乙 5 一端与密封主体 4 固定连
接，另一端的黏合层乙与固定带甲 1 的黏合层甲黏合。

使用时，将密封主体 4 的内腔罩住管道的渗漏部位，将固定带甲 1 的黏
合层甲与固定带乙 5 的黏合层乙紧密黏合，然后经收缩囊组件 2 的收缩囊阀
门向收缩囊注入气体或液体，收缩囊随着气体或液体的注入而膨胀，填满管
道与密封主体 4 之间的空隙，从而将管道渗漏部位与外界完全密封隔离。最
后，经进料阀门 3 向密封主体 4 的内腔注入封堵物即可将渗漏部位密封修复。
当然，也可不经进料阀门 3 向密封主体 4 的内腔注入封堵物，而直接让管道
内输送的液体填满密封主体 4 的内腔，达到密封修复目的。

四、结论

多用密封装置结构简单，使用方便，能用于农业、农村大、中、小型硬
管维修时的快速密封堵漏，省时省力，便于携带。

固液分离、量取装置研究

农民的工作非常辛苦，常因劳累过度而引发身体疾病。为了强身健体，农民常将一些药物放入酒中浸泡成药酒饮用。但在量取药酒时，常出现酒与药渣混合在一起，不便分离的情况。因此，研发一种能方便用于农村家庭中将药酒中固液分离的简易装置很有必要。

国内外对固液混合物中固液的分离问题进行了一系列研究，主要有过滤分离法、离心分离法和旋流分离法等，并研制了多种设备和装置。但这些设备和装置均不便于农村家庭对药酒中固液进行分离。

基于以上现状，笔者设计了一种简易固液分离、量取装置并获得了专利权（专利号：ZL 201720102470.8）。

一、固液分离、量取装置的整体结构

固液分离、量取装置由液体导出部件 1、分离主体 2、手柄 3 等组成。其整体结构如图 1 至图 3 所示。

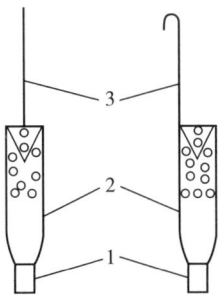

图 1　固液分离、量取装置方案一示意图　　图 2　固液分离、量取装置方案二示意图　　图 3　固液分离、量取装置方案三示意图

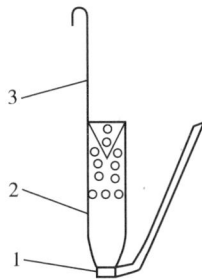

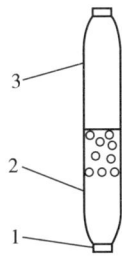

二、固液分离、量取装置的工作原理

分离主体 2 上部的壁上设置了多个孔或槽，能使酒等液体流入并将固体

（药渣）隔离在外。分离主体 2 下部的壁上无孔或槽，能定量控制贮存的液体（酒）。手持手柄 3，使分离主体 2 伸入药酒中，酒通过分离主体 2 上部的孔或槽流入并贮存于分离主体 2 下部，药渣被隔离在分离主体 2 外部。当分离主体 2 下部贮存的酒液达到需要量时，将简易固液分离、量取装置移出，经导出部件 1 将酒液导出，实现酒液分离和定量量取。

三、固液分离、量取装置的应用

方案一：

该装置制作成如图 1 所示。液体导出部件 1 为各种形式的开闭阀，液体导出部件 1（开闭阀）与分离主体 2 下端固定连接，手柄 3 连接在分离主体 2 上端。将分离主体 2 顶板加工成漏斗形，漏斗壁上加工多个孔或槽。

使用时，手持手柄 3，使分离主体 2 浸入药酒内（酒液面不超过分离主体 2 的顶面），酒液通过分离主体 2 上部的孔或槽流入并贮存于分离主体 2 下部，药渣被隔离在分离主体 2 外部。当分离主体 2 下部贮存的酒液达到需要量时，将简易固液分离、量取装置移出。打开液体导出部件 1（开闭阀）的开关，使分离主体 2 内贮存的酒液流出。当药酒液面等于或低于分离主体 2 上部的最低孔或槽时，可将药酒混合物倒入分离主体 2 顶板的漏斗内，酒液穿过漏斗壁孔或槽，流入分离主体 2 下部进行分离。

方案二：

该装置制作成如图 2 所示。液体导出部件 1 与分离主体 2 下端固定连接，所述液体导出部件 1 制作成茶壶嘴的形式，不设开关。手柄 3 连接在分离主体 2 上端。将分离主体 2 顶板加工成漏斗形，漏斗壁上加工多个孔或槽。

使用方法参见方案一。当分离主体 2 下部贮存的酒液达到需要量时，将简易固液分离、量取装置移出，并适度倾斜，分离后的酒液便从茶壶嘴流出。

方案三：

该装置制作成如图 3 所示。将两个塑料瓶的底部固定连接，在一个塑料瓶的合适部位加工多个孔或槽，另一塑料瓶起到手柄 3 的作用。此方案利用随处可得的两个废弃空塑料瓶，经简单制作即可实现，不仅便于酒液与酒渣分离，还减少了废弃水瓶造成的环境污染。

使用方法参见方案一。当分离主体 2 下部贮存的酒液达到需要量时，将简易固液分离、量取装置移出，旋开固液分离塑料瓶瓶盖，分离后的酒液从瓶口流出。

四、结论

简易固液分离、量取装置结构简单、制作简易、费用低廉（用废弃的空塑料瓶制作，不需要费用），能方便地用于农村家庭日常生活中药酒的固液分离、定量量取等方面。

七、农机推广篇

娄底市农机化技术推广的现状分析与对策

农机化技术推广是农业科技进步的重要环节，是农业、农机科研成果转化为现实生产力的主要途径。农机化技术推广机构提供公益性服务是国家扶持农业发展的重要渠道。经过多年的努力，娄底市农机化技术推广工作取得了一些成效，但是与服务支撑农业机械化转型升级，建设农业强国的要求相比，差距明显。在此，本书对当前娄底市农机化技术推广现状进行了系统分析，并提出了相应的对策和建议，以期为市委、市政府决策提供参考。

一、机构与人员现状、主要做法及成效

（一）机构与人员现状

截至 2022 年底，娄底市（含市、县或区、乡或镇）共有农机化技术推广机构 95 个，其中，公益一类 67 个、公益二类 11 个、参公管理 17 个。2022 年全年经费合计 1129.73 万元，其中，项目经费 58.4 万元、公用经费 94.7 万元、人员经费 976.63 万元。娄底市现有编制数 175 个，实有人数 197 人，其中，正高 4 人、副高 15 人、中级 86 人、初级 22 人、其他 70 人；硕士 2 人、本科 37 人、大专 64 人、中专 47 人、其他 47 人；35 岁以下 6 人、36～49 岁 149 人、50 岁以上 42 人。

（二）主要做法及成效

1. 通过引进试验与示范演示新机具新技术的方式进行农机化技术推广，其应用、普及范围不断扩大

多年来，娄底市采用引进试验、示范演示等方式进行农机化技术推广，先进农机新技术、新机具的应用范围日益扩大，不仅大大降低了作业成本，而且能改善品质、增产增收，让农民获得实实在在的降本增效收益。比如，水稻机械化育插秧技术的推广应用大大减轻了农民的劳动强度，改变了农民育秧、插秧时面朝水田背朝天的劳动状况；稻草还田应用技术及设施的推广应用，不仅培肥了地力，改善了土壤理化性状，而且减少了焚烧稻草对大气造成的污染，改善了空气质量；池塘清淤技术及设施的推广应用，

有效改变了家庭联产承包经营以来池塘、水库淤积日益严重、抗旱防涝能力日渐减弱的局面。

2. 通过引导培植与发展壮大农机专业作业大户的方式进行农机化技术推广，其带动效应不断凸显

邀请农机专业作业大户来参加水稻机械化育插秧技术等多种农机化技术推广活动，使其真切感受到水稻机械化育插秧技术等新技术带来的实实在在的好处。比如，水稻机械化育插秧技术能大大减轻劳动强度（1台自动化播种流水线可播 10～13 盘秧/min，可播 50～60 kg/h 谷种，1台高速乘坐式插秧机1天可插秧 2～3.33 hm^2，1台农业机械的作业效率相当于几十个劳动力的人工作业），节省秧田，降低生产成本（在目前劳动力工资日益上涨的背景下，机械作业成本仅为人工作业成本的几分之一），实现水稻高产、稳产（机插秧实行带土移栽，伤根、伤秧少，返青分蘖快，机械插秧能实现定行、定深、定穴、定苗，确保早稻机插秧为 1.6～2.2 万蔸/667 m^2，中、晚稻 1.2～1.4 万蔸/667 m^2，相比人工作业插秧苗数多 1/3 以上，由于机插秧宽行窄株、通风向阳，其抗病虫害、抗倒伏性好）等实际效果，增强了信心，提高了积极性。2022 年，全市水稻、油菜综合机械化水平均达 70% 以上，农机合作社总数达 326 家。

3. 示范点推广与举办"湘博会"为农机化技术推广辐射源，其扩散作用不断增强

娄底市在多个有条件的乡镇创办了水稻生产全程机械化技术推广示范点，推广水稻生产育秧、机耕、机插（机抛）、机收、机烘全程机械化技术应用，受到农民群众欢迎。通过示范点的示范推广，水稻生产全程机械化技术在全市得到广泛应用。这不仅大大减轻了农民的劳动强度，提高了作业效率，降低了水稻生产成本，而且有效化解了耕地抛荒，加快了土地流转，培育了种粮大户，保证了粮食安全。

娄底市每年举办一次农业机械、矿山机械、电子陶瓷产品博览会（简称"湘博会"）。2022 年 12 月 25—27 日，以"丘陵小农机，全力助振兴"为主题的第十三届"湘博会"在娄底市双峰县以线上展会方式举行。有 150 多家国内外农机企业参会，其中，80 多家市内参展农机企业，70 余家市外参展企业，还有 300 多名专业采购商参加交易活动。其间，农机销售成交额约 2.12 亿元，使用国家购置补贴资金 4525.25 万元，市级累加补贴资金 1305.5 万元，补贴农机具 2810 台（套）。通过举办"湘博会"的方式推广农机化技术，让"'湘博会'上买农机很划算"的观念深深植入农民的心间。

二、存在的问题

（一）自然条件制约了大中型农业机械和技术的引进、推广与使用

娄底市属丘陵、山地地区，地形复杂多变，存在山高坡陡、道路崎岖、田土碎片化等不利自然条件，再加上机耕道建设等方面的不足，造成大型农业机械"出不了门、下不了田"，中型农业机械因耕地分散、丘块不一而影响正常作业的尴尬局面。自然条件严重制约了技术含量高、节能高效的大中型农业机械和技术的引进、推广与使用，导致娄底市农机化技术推广工作相对滞后。

（二）对农机化技术推广工作认识不足

从农民层面来看，当前农村大部分青壮年劳动力外出谋生，剩下年老的劳动力从事农业生产，其文化水平不高、接受新事物能力差、受传统农业耕种方式影响较深，对推广的农机化新技术、新机具等新事物一时不易接受；再加上个别新机具在不成熟的情况下就匆忙上市，出现过失败的个例。因此，他们对新技术、新机具的推广存在消极、观望等待等心理。

从领导干部层面来看，存在个别领导干部对农机化技术推广工作认识不足的问题，认为机械化不适于山地、丘陵地区，只适合平原等开阔地区推广。这导致推广人员对山地、丘陵地区农机化技术推广工作缺乏信心，相应的考核激励机制不健全，影响了工作积极性，严重制约了农机化技术推广工作的开展。

（三）农机化技术推广工作经费不足

各级财政的投入虽然每年有所增加，但与农机化技术推广工作的需求相距甚远，各项职责、职能常因经费不足难以很好地履行。比如，娄底市农机技术推广中心作为公益一类机构，全年财政经费仅能维持单位基本运转、发放职工工资和大部分福利，有的福利还无法落实。至于到外地参加农机化新技术、新机具展览会，到县市调研的差旅费就无力负担了。各县、市、区的农机技术推广机构经费也严重缺乏，乡镇则更谈不上安排相应的农机化技术推广工作经费了。

（四）农机化技术推广基础硬件设施不全

娄底市农机化技术推广机构办公设施老化陈旧（有的电脑主机还是十多年以前的），缺少相关培训设施，没有相应的推广试验、示范演示场地，也没有相应的实验示范基地与实验检测设备。

（五）农村配套基础设施不全

娄底市地势高低起伏，耕地不规则、不连片，细碎化严重，再加上作物

品种不相同，种收时间不一致和实行独户分散经营等不利因素交织，不利于规模化耕作，造成农机具使用率较低、闲置时间长。同时，与之相配套的农村机耕道、农机具库棚、农机维修和售后服务网点不健全，存在"有机无路走、机闲无处放、机坏无处修"的窘境，制约了农机具的使用，不仅影响了农机效能的充分发挥，而且严重制约了农机作业收益与农民购机积极性。

（六）农机化技术推广队伍不稳

从历次机构改革的结果来看，农机化技术推广职能逐渐弱化，机构日益缘化，严重影响了农机化技术推广人员的积极性和推广工作的开展。以乡镇为例，大多数乡镇设立了农业综合技术服务中心，明确了一名农机化技术推广人员，但将其工作纳入乡镇统一调配，难以做到专职专用；有的乡镇农机化技术推广机构名存实亡，只是随意安置了一名根本不懂农机的人员，当上级部门去对接工作时，直接以不懂农机、不会推广农机为由，一言以拒之；娄星区的各乡镇均没有设立农机化技术推广编制和人员。

娄底市各级农机化技术推广人员结构不合理、青黄不接，知识断层、老化现象严重。以娄底市农机技术推广中心为例，在职人员中，40岁以下人员仅3人，没有35岁以下人员。近20年来，新进人员除了引进一名机械工程专业硕士研究生和从其他单位调入的一名管理岗人员外，其他均为军队转业干部或政策性安置人员，且基本不懂农机原理，更不懂农机化技术。

三、对策

（一）提高政治站位，加强组织领导，转变思想观念

1. 提高认识，加强领导

领导干部要认识到农机化技术推广工作在促进农业发展、确保国家粮食安全、实现农业现代化过程中有着不可替代的作用，从而提高政治站位，克服观念落后、认识肤浅、思路狭窄等多方面的问题，加强对农机化技术推广工作的组织领导。

2. 强化共识，营造氛围

全社会要形成一种重视农机化技术推广的共识，营造一个全社会共同参与、共同关心、共同发展农机化技术推广工作的良好氛围。农机化技术推广和应用具有多层次的特性，涉及的面广、投入要素多，社会效益大但是经济效益小，很难通过市场的调节功能来实现资源的良好配置，一些营利性的经营组织承受不起大范围、长时间的投入。在市场不能有效配置资源的地方，政府需主动担当作为，履行好公益性职责，发挥主导作用。农机化技术推广机构无偿地为农民提供公益性服务，既减少了农业的生产成本，又补贴了农

民，还拉动了经济，有利于农民增产增收，是国家扶持农业与农村经济发展的新渠道、好路径。

3. 加强创新，提升服务

创新农机化技术推广服务方式，从增强农民的体验感、获得感入手，使农民乐于接受、转变思想观念，让农民愿用农机、会用农机、无后顾之忧。

（二）加大资金投入

1. 加大农机化技术推广工作经费的投入

科学技术是第一生产力，农机化技术推广是农业科学技术转化为生产力的重要载体。市、县、乡各级农机化技术推广工作经费短缺，难以实施新技术、新机具的推广演示、示范工作，导致农业生产过程中很多急需的农机新装备、新技术得不到及时推广普及和应用。

2. 加大农机化技术推广基础硬件设施建设的投入

通过更新办公设施、添置教学培训设施、建设推广试验及示范演示场地、配备实验示范基地及实验检测设备、健全农机公共服务平台等基础硬件设施建设，现场对购机户进行示范演示，让购机户既看得见、摸得着，又操纵得动机器，还能干得了农活。以适应市场经济条件下农机化技术推广工作的需要，逐步实现推广技术规范化、示范带动基地化、项目实施程序化、推广手段现代化。

3. 加大农机购置补贴的投入

（1）增加购置补贴资金的配套总额。提高国家、省级、地方财政购置补贴资金的配比额度，减轻推广机构的资金压力，保障购置补贴政策及时落实到位。

（2）提高购置补贴的标准。山地、丘陵地区的自然条件较差，作业效率低、成本高，再加上经济相对落后，农民购买能力有限，购机、用机积极性不高。适当提高购置补贴的标准，减轻农民经济压力，方能提高其积极性。

（3）扩大购置补贴的范围。建议将农业机械纳入购置补贴的范围，全面促进农业、农机产业高质量发展。

4. 加大农村配套基础设施建设的投入

农村配套基础设施建设滞后，是影响山地、丘陵地区农机化技术推广的"瓶颈"问题。应加大农村机耕道、农机具库棚、农机维修和售后服务网点等配套设施建设力度，为农机化技术的推广和农机具稳定、可靠、安全作业创造良好的条件。

（三）加强农机化技术推广队伍建设

事业要发展，关键在人。培养、造就一支稳定且具有较高业务素质的农机化技术推广队伍，是当前的一项重要任务。要科学、合理配备专业技术人员，解决人员的编制、待遇、经费等相关问题，健全激励考核制度，强化人员的技术培训与知识更新。让农机化技术推广人员走进农机生产企业、下到田间地头，了解当前农民的需求，适时推广先进适用的新机具和新技术；与此同时，要及时向农机生产企业反馈农民的需求信息，建议农机生产企业生产经济适用的农机装备。尤其要加强乡、村两级农机化技术推广人员的培训工作，充分利用国家阳光工程等培训机会，有计划地组织乡、村农机化技术推广人员学习新机具、新技术知识，掌握当地先进适用农机具的结构、原理与性能，熟练掌握实验、示范操作、维修保养等方面的技能，以便更快、更好地传授农民、服务农民。

（原载《农业开发与装备》2024 年第 2 期）

娄底市农机合作组织现状分析及对策

《中华人民共和国农民专业合作社法》实施以来，娄底市农机合作组织发展迅速。本书对娄底市农机合作组织的现状进行系统分析，并提出相应的对策与建议，以期为娄底市市委、市政府决策提供参考。

一、基本情况

近年来，娄底市农业机械化事业，尤其是农机合作组织，得到了快速发展。截至 2023 年底，娄底市农业机械总动力为 392.5 万 kW，农机保有量超过 11 万台（套）。其中，大中型拖拉机为 2309 台，插秧机为 1418 台，抛秧机为 71 台，大中型收获机械超过 2025 台，植保飞机为 267 架，粮食烘干机为 591 台，油菜直播机为 202 台，农用北斗终端为 195 台，以微耕机为主的小型耕作机械有 5 万多台。娄底市粮食种植面积为 365.45 万亩，农机从业人员约 4.6 万。注册登记的农机合作组织为 326 家，其中，5 家全程机械化综合农事服务中心（即国家级农机专业合作社），24 家省级示范社，185 家现代农机专业合作社。全市水稻耕、种、收综合机械化水平为 80.1%［其中，水稻机插（抛）率为 52.5%］，油菜综合机械化水平为 74.39%。农机合作组织完成了全市 60% 以上的机耕和机收、80% 以上的机插工作。尤其在恶劣天气情况下，农机合作组织发挥了至关重要的作用。例如，2020 年，娄底市组织了 250 多家农机合作组织以低于市场行情 20% 以上的价格帮助农户抢收、抢烘中稻 23.6 万 t，为农户挽回了巨大经济损失。

二、发展农机合作组织的重要意义

（一）农机合作组织是土地规模经营的重要动力

农机合作组织在不改变生产责任制的情况下，凭借特有的资金、机具、技术等优势，将农户手中大量的零散土地集中在一起，提供产前、产中和产后系列化服务。通过合同订单作业、代耕代种作业等方式，以土地托管、土地租赁承包等途径，实现区域化种植、规模化作业和集约化经营的目标，促成土地有偿流转，达到既降低经营成本，又促进农民增收的规模化作业效益。

（二）农机合作组织是推广、应用新技术和新机具的好学校

新技术、新机具的推广与应用，常常取决于农民对新技术、新机具的认知与掌握程度，农机合作组织在这方面可发挥培训学校与实践基地的作用。其可利用县级农机培训机构、农机推广部门和农机生产企业的技术人员，分期、分批对合作组织成员及农机操作人员开展新机具操作技术培训；还可组织其他合作组织、机手进行现场演示、现场学习，加快新技术、新机具的示范、推广与应用。

（三）农机合作组织是整合农机资源的好基地

农机合作组织可依据种植农作物的先后顺序，统筹安排，灵活机动，有序组织连片作业，提高农机具的工作效率；也可进行跨区作业，拉长作业链条和延长作业时间来增加农机具的使用效益；还可扩大服务领域，组织农机进行货物运输等作业，拓展合作组织的创收途径。

（四）农机合作组织是转移农村劳动力的好路径

农业存在劳动力短缺、成本上升、效益低下、粮食安全面临挑战等多重矛盾。只有全面、快速提升农机化水平，才能解放生产力，将劳动力从繁重的体力劳动中解放出来，提升收入。农机合作组织为缺少劳动力的农户提供耕、种、收等全程作业服务，既可吸收一批农村富余劳动力，又可消除在外打工人员的后顾之忧，使更多农村劳动力转移到非农产业，拓宽农民增收渠道，提升农业生产集约化水平与组织化程度，提高劳动生产率、土地产出率和资源利用率，进一步推动农业现代化进程。

三、主要做法

（一）投入方式多元

1. 政府出资补贴

根据《国务院关于促进农业机械化和农机工业又好又快发展的意见》《农业部关于加快发展农机专业合作社的意见》等文件精神，娄底市出台了农机购置累加补贴等政策，减轻了农户、农机合作组织购置农机的负担。自2004年启动购置补贴至今，娄底市累计使用国家农机购置补贴资金超4.84亿元。自2013年娄底市在"湘博会"期间实施农机购置累加补贴政策以来，每年制定相应的实施方案，对"湘博会"期间购置农机者，在中央财政补贴的基础上再给予累加补贴。截至2023年，使用市级累加补贴资金共计7500多万元。

2. 公益科研机构、推广机构无偿提供技术指导

娄底市公益科研机构、推广机构通过引进试验、示范演示、创办示范点等方式推广新技术、新机具，使农民切身感受到农机具的实际使用效果，增强了信心，提高了积极性。同时，还通过多种方式开展农机操作、保养和维修等方面的免费培训。

3. 社会能人、相关企业和农户多方积极参与筹资

按照加入自愿、退出自由、民主管理的原则，社会能人、相关企业和农户积极筹劳、筹资，成立利益共享、风险共担的农机合作组织。

（二）组建形式多样

1. 社会人士投资型

农村里少数能人觉察到了农机合作组织与农机服务发展的巨大潜力，由经济实力较强的多个人共同筹资，购买农机具，创建农机合作组织，进行农机作业服务，把合作组织当作产业、事业来经营。

2. 户户联合型

农机大户之间利用自有的农业机械，按照自愿结合、信息共享、共同作业、各自结算的模式联合组建"农机大户＋农机大户"的农机合作组织。实行"四统一分（即统一签订作业合同、统一收费标准，统一安排作业时间，统一物资采购和使用，分机单独核算）"的管理方式。

3. 村户联合型

由村支两委牵头，带领本村农机户联合起来组建农机合作组织。这既体现了基层党组织为群众办实事的政治担当，也展现了带领群众共同致富的工作能力。

（三）服务类型多种

1. 承租经营

针对无耕作能力或劳动力外出打工或无种植意愿的农户，按照依法、有偿、自愿的原则，实行土地流转，签订租赁合同，明确租赁期限、租金数额等，由合作组织承包经营，按约定支付租金。

2. 全程托管

农户将承包田委托给农机合作组织作业，实施"五统一"服务，即统一机耕、统一育秧、统一机插、统一植保、统一机收，农户按约定的服务价格向农机合作组织支付全程机械化作业服务费用。

3. 有偿作业

农户在粮食生产过程中，向农机合作组织订购所需环节的机械化作业服务，并按约定支付作业服务费用。

4. 机具出租

根据农户的需要，农机合作组织提供所需的作业机械，由农户自行完成作业并按约定支付相关费用。

（四）部门推动多联

要创建一个建设标准化、经营企业化、管理规范化、作业规模化、生产科技化的农机合作组织，需要农业农村、市场监管、自然资源、水利、财政等多部门联合支持，并在各自职责范围内做好相应工作。为此，娄底市多部门协调联动，扎实、有效地推动农机合作组织发展。

四、存在的主要问题

（一）思想认识不够深，扶持力度不够大

1. 思想认识不够深

农机合作组织既能有效地把农机手和农机作业市场串联起来，加快新技术、新机具的推广和应用，提高农业机械化水平；又能节约农业成本，促进农业增产，增加农民收入；还能及时向农业农村部门传达农机手的真实想法，配合农业农村部门开展农机推广、示范引领、安全教育等工作。农机合作组织的发展需要领导干部和群众群策群力，但个别领导干部和部分群众对其重要作用认识不够深入。

2. 政策扶持不够多

农业是一个高风险、低收益的行业。创建农机合作组织需要大量的资金投入，合作组织成员都是农民，收入不高、资金不足的问题普遍存在。当前，我市除了有农机购置补贴，对农机合作组织没有其他扶持政策（以前，国家级农机专业合作社奖励100万元/家、省级农机示范社奖励30万元/家、现代农机专业合作社奖励15万元/家，已于2022年全部取消），其缺乏扩大规模的资金，大型、先进农机具难以购置应用，也难以调动农民加入农机合作组织的积极性。

3. 推广机构支持弱

娄底市虽然有市、县、乡三级农机化技术推广机构，但经费不足、设施不全、队伍不稳等原因造成职能、职责难以履行（详见笔者2024年2月发表于《农业开发与装备》上的论文《娄底市农机化技术推广的现状分析与对策》），有的乡镇农机化技术推广机构形同虚设，导致农机合作组织在技术指导、成员培训、机械保养、故障维修等方面难以得到推广机构的支持与帮助。

（二）主体结构较单一，服务领域较狭窄

农机合作组织大都由农机大户组成，主体结构比较单一，服务领域主要

以水稻的机耕、机插、机收、机烘服务为主，服务时间季节性强、时间短。在植保、灌溉、田间管理及农产品加工等方面的服务明显不足。对维修、信息、中介与实用技术培训等方面的涉足不多，存在程度不一的"半年闲"等问题。这些现状与现代农业发展的要求以及农机化的发展趋势不匹配，难以适应新时代农机社会化服务的需求。

（三）资金投入缺口大，贷款融资机制缺

农机购置资金投入大。有一些具有一定规模的农机合作组织，连续几年投入 100 多万元，有的高达几百万元。以水稻全程机械化为例：1 台大中型拖拉机及配套旋耕机需 6 万～8 万元，1 台高性能插秧机需 9 万～12 万元，1 台联合收割机需 15 万～20 万元，再加上排灌、运输、谷物烘干和植保机械等需 30 万元，资金总计 70 多万元。有的农机合作组织成员几乎把所有积蓄都用于扩大经营规模、购买农机具、建设农用设施等方面，但在生产环节上出现资金短缺问题。

贷款融资困难。农机合作组织在向银行机构贷款时手续烦琐、门槛高，农机具与库房等难以作为抵押物，加上农业效益低、风险大，社会资本投资意愿不强。有的农机合作组织无款可贷，有的理事长或成员以私人房产作抵押来贷款，有的想扩大生产规模，却因资金短缺，不得不放弃或延后实施。

（四）运作机制待完善，管理制度待健全

1. 运作机制较松散

农机合作组织大部分是成员带机加入，形成比较松散的联合。农忙时统一安排作业，进行单机核算，以作业量多少分配收入，农闲时各自单干。成员素质参差不齐，缺少专业的技术人员与管理人员，严重制约了服务领域的扩展和农机合作组织的持续发展。

2. 管理制度不健全

娄底市农机合作组织在章程制定、股金设置、工商登记、民主管理等方面存在不够完善的问题，有的合作组织缺乏管理方案与经营思路，造成治理能力不强，经济效益不高，内在动力不足。

3. 财务问题较突出

（1）财务制度不健全。农机合作组织监督控制机制不完善，有的没有建立财务内部控制制度，没有形成严密的约束体系。有的农机合作组织未制定财务管理制度或财务管理制度不科学。

（2）财务核算不规范。有的农机合作组织财务票据处理不规范，有些发票没有经手人签字、没有写明用途，财务开支随意性大，白条、便条入账较多。农机合作组织负责人掌控经济大权，既管钱又用钱，存在收入不入账、

公款私存等问题。

（3）会计档案管理不规范。有的农机合作组织未设会计，只记流水账。有的农机合作组织聘请记账公司代为记账，但记账公司未按规定装订会计凭证，也未正确设置会计科目和账簿。

（五）专业人才缺乏，从业人员老龄化

农村劳动力大量外流，年轻劳动力绝大多数进城务工，导致留守农村的中老年人成为农机合作组织成员的主力军。他们中存在合作意识较弱，规范意识不强，对新技术、新机具接受程度低，作业掌握比较慢等问题，对农机合作组织的发展产生了一定程度的制约。农机合作组织中真正有技术、懂经营、会管理的复合型人才很少，也缺乏专业的技术人员、专业的管理人员、专职的信息人员和其他后勤保障等方面的人员。从业人员老龄化，多是 55 岁以上的劳动力。农机合作组织吸纳高素质人才的竞争力较弱，原因主要有两方面：一方面，农业生产经营环境较差，工作较为辛苦，而农机合作组织受资金等因素限制，改善从业者工作环境的意愿较低；另一方面，绝大多数农机合作组织未为成员缴纳社保，在养老保险意识日益增强的背景下，这一步促使青壮年劳动力选择进城务工，以寻求更好的工资福利待遇。

（六）基础设施较落后，农机故障难维修

1. 机耕道建设落后

娄底市农村机耕道建设严重滞后。机耕道大部分修建于 20 世纪六七十年代，由于年久失修、无人管理、毁损严重，农机具通行能力差。加之缺乏资金，机耕道建设与农机化发展不相匹配。有的地方大中型农业机械根本无法下田作业，严重制约了农机规模化作业，农机效益无法充分发挥。

2. 水利设施老化

娄底市排灌设施老化、河（塘）年久失修、田间渠系不通、田间工程配套不全等现象比较严重，不仅增加了农机合作组织在流转土地上基础设施建设的投入，还导致一些水田转变为旱地，甚至荒芜。

3. 农机故障维修难

娄底市农机维修网点数量少且分布不合理。其多以个体经营为主，只能维修一些小型农机具，有的网点为维持运转，采取维修和配件兼营的方式，农机维修只是业余业务。能承担大型拖拉机、联合收割机、插秧机等机械维修的一级综合维修服务店很少。一些乡镇维修网点，仅能维修水泵、米机等小型农机具。一些边远乡镇没有维修点，农业机械出点小故障，都要跑到县里或市里来维修，费时又费工。大部分维修人员没有经过专业培训，通过师傅带徒弟的方式传承，修理凭经验和直觉，少有检测仪器设备，专业技能偏

低，维修质量不高。尤其是农忙时节，各类农机因满负荷工作，故障率上升，有的高性能机具出故障后，由于农机合作组织技术跟不上或零件配备不足等原因而无法维修，只能搁置在田间，等待生产厂家派人来维修。有的需要等几天，既拖延了农事进度，又收费高，还有可能错失好天气，导致严重损失。

（七）设施用地审批难，机具存放条件差

由于相关部门对用地控制严格，农机合作组织建设用地非常困难。农机合作组织因办公场所、机具库房、维修车间、粮食晾晒与烘干、存贮仓库等场所建设用地问题难以解决，造成大中型农机无处存放等问题。有的农机具1台高达十几万元甚至二十万元，是农机合作组织及成员最值钱的资产，除农忙季节使用外，大部分时间露天闲置停放，日晒雨淋，极大损害机械性能，严重影响农业机械的使用寿命，导致损耗成本过高。

五、对策

（一）深化思想认识，加大扶持力度

农机合作组织是农民专业合作社的重要组成部分，是农机化事业发展及农民增收的重要载体与平台，要深化对农机合作组织作用与意义的认识，统一思想，加强领导。建议市委、市政府将农机合作组织建设作为乡村振兴和农村经济高质量发展的一项重要举措来抓，明确农机化发展的组织模式以农机合作组织为主，将农机合作组织作为扶持主体，协调各部门按照职能分工帮助解决其发展中的突出问题和困难，共同推进农机化事业的发展。加强对市、县、乡三级农机化技术推广机构的组织领导，加大资金投入，强化队伍建设，充分发挥其无偿地为农民、为农机合作组织等提供公益性服务的职能、职责，为建设农业强国作出应有贡献（详见笔者论文《娄底市农机化技术推广的现状分析与对策》）。

（二）紧跟市场需求，拓展服务领域

积极引导农机合作组织紧跟市场需求，不断拓展服务领域与范围。比如，从机耕、机播、机收等环节向田间管理、农产品运输等环节延伸，从粮食作物的耕、种、收等环节向经济作物、农产品加工等环节延伸，从农机作业服务向土地流转经营与生产资料、技术、信息服务等延伸，从传统的种植业向畜牧、渔业、林果业与设施农业等领域扩展。同时，要注重抱团发展。农机合作组织各自为战，成本高，抵御风险能力弱，可在充分尊重自主权、完全自愿的原则下，实施抱团发展，实行统分结合管理，即品种统一布局、农资统一采购、机具统一调度、技术统一培训、农产品统一加工销售、分户经营核算。

（三）拓宽融资渠道，实现良性运转

农机合作组织既要流转土地资金，又要农机购置资金，还要购买生产资料、油料等资金。资金缺口大，需拓宽融资渠道，才能实现良性运转。政府财政要充分利用农机购置补贴扶持政策，对农机合作组织在购置新型适用、节能环保的大中型、复式、高性能机械时进行定向累加补贴支持；在淘汰老旧、落后、高耗能机械时实行报废补贴。另外，还可以对贷款购机实行农机贷款贴息支持。涉农银行机构要扩大财产可纳入抵押的范围，探索实施农民购置大中型农机具抵押信贷机制，让有购机需求而购买力不足的农民能通过信贷支持购买所需要的先进机具。税收部门要给予更多的优惠和支持。担保机构要提供相应的担保服务。保险机构要提供政策性保险等支持。还可探索在多层次资本市场上进行融资和引进外资等。

（四）理顺管理机制，推动规范运作

农机合作组织要建立健全现代企业管理机制。按照有完善的基础设施、有良好的运行机制、有健全的财务制度、有较大的服务规模、有显著的综合效益的"五有"标准，加强对农机合作组织建设的规范引导，推动科学、规范、可持续发展。针对财务问题，政府部门要加强财务指导与监督。一方面，加强培训，通过各种培训使合作组织充分认识到财务管理的重要性；建立健全财务管理机构、建立财务管理制度及内部控制制度，抓好财务核算，实行财务公开。另一方面，加强会计核算，严格规范财务审批制度；建立健全经办、审核和审批程序，实行钱、账、物分别管理；重大项目支出由成员代表大会讨论决定，并建立责任追究制度，防止发生贪污、侵占或挪用资金的行为。

（五）持续多方发力，优化人才结构

1. 增加人才吸引力

政府部门要利用电视、报纸、广播、自媒体等传播媒介，及时总结并广泛宣传农机合作组织成员的典型事迹；通过开展致富之星、服务之星等方面的评比活动，不断增强其荣誉感，提升其知名度，提高全社会的关注度和认可度；完善职称评审等方面的配套政策，为到农机合作组织工作的年轻人提供广阔的发展空间，让年轻人在工作中充分发挥才能，实现个人价值。

2. 加强人员培训

依托高等学校、职业院校、科研院所的教研优势，结合阳光工程等农民培训项目，一方面，大力培养农机作业与维修能手；要注重新机具、新技术的应用与维修培训，通过举办技能竞赛等活动，着力提高其操作能力与维护

保养水平。另一方面,定期对管理人员进行政策法规、管理知识、服务意识与操作技能的培训,提高其管理水平、操作水平、服务意识与服务能力,进一步提升农机合作组织的社会化服务水平。

3. 在"留才"上下功夫

农机合作组织要通过提供公平的干事创业平台、改善劳动条件、提高工资福利、健全社会保障、给予外出学习考察和开展学术交流研讨的机会等举措,留住年轻人,通过公平竞争让有能力、有梦想的人才脱颖而出,为其提供展示自我、实现价值的舞台,确保其安心工作、幸福生活。

(六)健全基础设施,消除后顾之忧

相关部门要将机耕道路、水利设施、农机维修网点等建设内容纳入乡村振兴建设规划与乡镇、村级规划,财政要加大机耕道路、水利设施、农机维修网点等方面的资金投入,与规划内的项目同步实施。农机维修网点的设立要合理布局,要与农机合作组织相结合、相融合,增强网点的服务功能。相关部门要加强对农机维修网点的管理,实行规范化建设、标准化管理,按照有关规定与标准,使网点具备相应的设施、设备、人员、技术、质量、安全等条件,取得相应的等级与证书,建立健全维修台账,公开服务承诺,提升维修服务水平。

(七)强化部门配合,化解用地问题

相关部门要充分认识到农机合作组织需要具备作业服务、技术培训、机具推广、维修保养、安全管理等多方面功能。因此,要将农机合作组织的建设用地纳入乡村振兴建设规划与村级规划,各部门协调配合,解决其办公场所、机具库房、维修车间、粮食晾晒与烘干、存贮仓库等场所建设用地难题。

4LZ‑1.0A 型联合收割机使用、保养及维修

一、安全守则

（1）驾驶员必须受过专业培训，遵守交通规则，熟悉机器性能，严禁不熟悉机器性能的人员驾驶。

（2）开车前必须对机器进行全面检查和保养，确认机器状态良好方可操作。

（3）驾驶员在确信收割机周围无人靠近和所有防护罩已盖好，离合器手柄拉到"离"的位置，变速杆放在空挡（O 位）时方可启动发动机。发动机运转时不允许打开或取下安全罩。

（4）严禁在道路不平的地方高速行驶或急转弯。为使橡胶履带不受损害，严禁在有碎石、金属锐器等尖硬凸起物的路面行驶。

（5）严禁橡胶履带和三角皮带上黏附油污及盐碱性化学品。

（6）收割机作业时，严禁无关人员乘坐，以免造成伤害。

（7）收割机运转时，严禁接近旋转部件。

（8）有异常情况发生时，必须立即关停发动机再进行检查。

（9）消声器、冷却水高温时危险，热机状态切勿靠近。

（10）防止蓄电池电解液腐蚀，防止电路短路引起蓄电池烧损、导线过热、火花等。

（11）不准带故障或超负荷工作，不准在柴油机运转时进行保养或排除故障，不准在夜间加油时用明火照明。

（12）装卸收割机时，必须使用坚固的装卸跳板搭牢，缓慢行走，在装卸板上绝对不可拉动行走离合器，必须小心操作转向拉杆改变方向，以免发生溜车的危险。

（13）下列人员不准操作机器：酒后、睡眠不足、生病、孕妇、未满 16 周岁儿童。

（14）不可穿易卷入转动部件的宽松衣服作业，并扎紧袖口。

（15）离开驾驶座时，应关停发动机、取出钥匙、切断电瓶回路。

二、主要技术规格、技术参数、性能指标

收割机主要参数见表1所列。

表1　收割机主要参数

类别	名称	收割	
技术规格	产品型号	4LZ-1.0A	
	整机质量	820 kg	
	外形尺寸	3600 mm×1520 mm×1950 mm	
	配套动力	常联发 ZS1115 型柴油机，16.2 kW	
	燃油消耗	≤20 L/hm²	
	行走方式	履带自走式	
	发动机额定转速	2200 r/min	
	履带规格（节距×节数×宽）	75 mm×43 节×230 mm	
技术参数	作业幅度	1360 mm	
	作业速度	1~4 km/h	
	喂入量	1 kg/s	
性能指标		小麦	水稻
	扶起最大倒伏角	70°	70°
	生产率（hm²/h）	≥0.15	≥0.12
	总损失率（%）	≤1.2	≤3.0
	含杂率（%）	≤2.0	≤2.0
	破碎率（%）	<1.0	<1.5

三、收割机的主要组成、结构及作用

收割机主要由主机和收割两部分组成。

（一）主机部分

主机部分由柴油发动机、变速箱、履带行走机构、液压系统、电气系统、操作机构等组成，如图1所示。

1. 柴油发动机

柴油发动机是整机的心脏，给收割机工作提供动力。用户在使用过程中

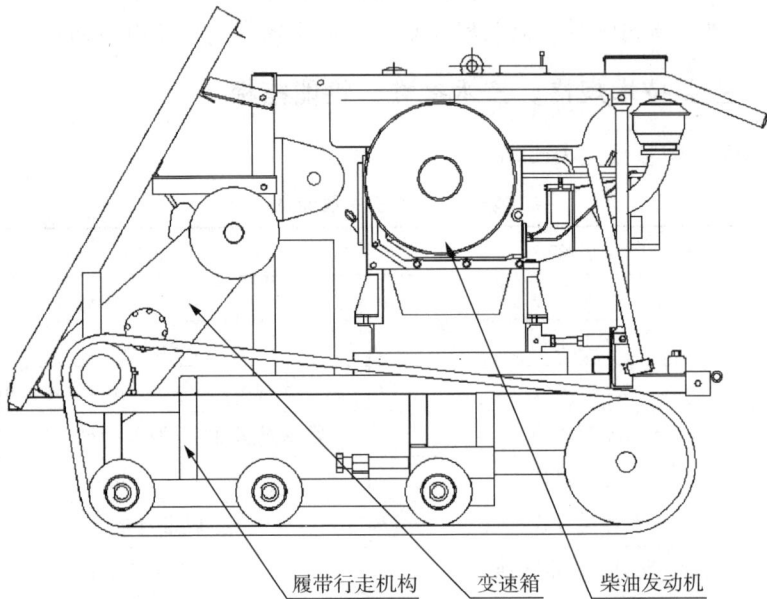

履带行走机构   变速箱   柴油发动机

图 1   收割机主机部分示意图

一定要严格按照《柴油机使用说明书》的要求进行使用、维护和保养。柴油发动机冷却水箱应经常放尽水，并清理水箱内的杂质和污垢，再加足清水。柴油发动机使用时严禁缺水或缺、少润滑油，否则会导致柴油发动机损坏。

2. 变速箱

变速箱具有收割机行走动力传动、速度变化、方向改变等功能，其使用、调整、维护、保养方法详见说明书，请认真阅读并按要求操作。

3. 履带行走机构

履带行走机构由机架、橡胶履带、驱动轮、支重轮、导向轮等组成。在使用过程中，要注意橡胶履带的松紧度，过松容易跳齿掉带，过紧则影响使用寿命。

4. 液压系统

液压系统由齿轮泵、操作阀、油缸、油箱、油管等组成，其主要作用是控制收割部分在不同的工作状态下上升或下降。

5. 电气系统

电气系统由发电机、调节器、启动马达、蓄电池、电流表、控制开关、照明灯、保险、导线等组成。该系统为负极接地、单线制连接，额定电压为12 V。当发电机不工作或发动机低速运转时，所有用电设备由蓄电池供电，电流表指针往"一"向偏；当发电机向蓄电池充电时电流表指针往"＋"向偏。启动马达使用时，电流达数百安培，故电流不通过电流表，以免其烧坏。电气原理如图2所示。

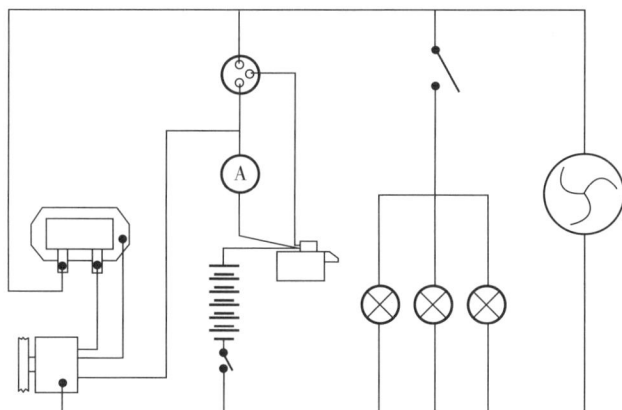

图2 电气原理

6. 操作机构及说明

操作机构示意图如图3所示。

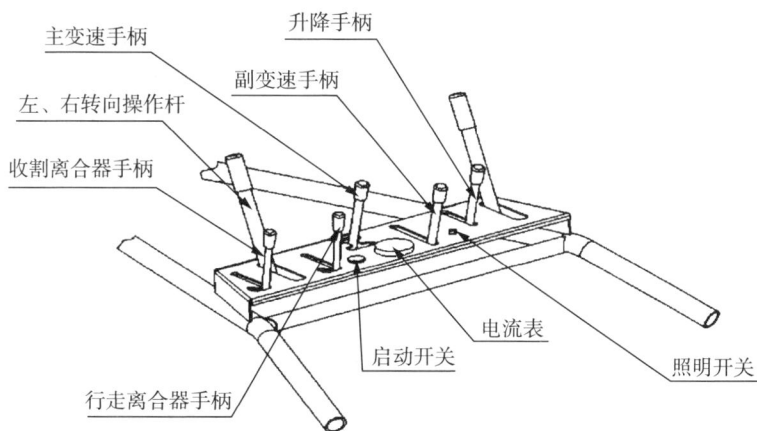

图3 操作机构示意图

（1）左、右转向操作杆：分别后拉为左、右转向，用于修正方向或转弯；两操作杆同时后拉则机器停止前进。

（2）升降手柄：用于收割部分工作时的上升或下降，以适用不同的工作状态。前推下降，后拉上升。

（3）副变速手柄：高速挡（机器高速行走），低速挡（机器低速行走）。注意：副变速手柄换挡时，要先分离行走离合器，否则会损坏变速箱。

（4）主变速手柄：三个前进挡位，一个倒车挡位。注意：主变速手柄换挡时，要先分离行走离合器，然后将主变速手柄回到空挡（O位）再换到所需挡位，否则会损坏变速箱。

（5）行走离合器手柄：置于"合"时，机器行走；置于"离"时，机器停止。

（6）收割离合器手柄：置于"合"时，收割部分运转；置于"离"时，收割部分停止运转。

（7）启动开关：控制电源、蓄电池充电和启动柴油发动机。

（8）电流表：用于观察蓄电池充电和放电电流的大小。

（9）照明开关：控制照明灯的点亮和熄灭。

（二）收割部分的组成及工作原理

收割部分工作过程：收割部分在田间作业时，分禾器将割区内作物分开、扶起，把分禾器间的作物拨向切割器。割刀切断作物茎秆，被割下的作物在自重、收割机前进速度和扶禾指的配合作用下，倒向割台。割台搅龙将作物送到脱粒滚筒入口，进入脱粒滚筒内。作物在滚筒钉齿和滚筒盖、导草筋配合作用下，作圆周和轴向运动，从滚筒右端移向左端。作物在运动过程中受到滚筒钉齿的多次打击，在筛网上反复揉搓而脱粒。谷粒通过筛网孔落到振动筛上，经风机气流风选穿过筛孔落进出谷搅龙内送至提升端，经刮片提升装置将谷粒送到接粮装置装袋。二次回笼搅龙将部分含杂谷穗提升到脱粒滚筒内再次脱粒。粗的茎秆沿脱粒滚筒移到左侧，在滚筒旋转的离心力作用下被抛出脱粒滚筒。至此，完成了收割、输送、分离、清选和装袋的联合收割作业全过程，如图4所示。

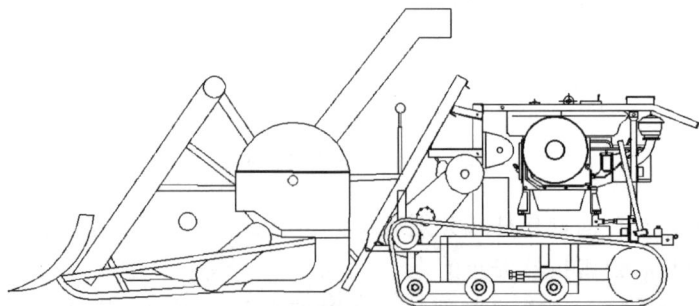

图4　收割部分示意图

四、发动机的启动、停止及收割机行走、装卸方法

（一）启动方法

将主变速手柄置于空挡"O"位置，行走离合器和收割离合器手柄置于"离"的位置。插入钥匙并转动至"充电"挡以接通电源，此时小红灯会亮起。向周围人员示意启动，并在确认安全后，右手按下减压手柄，左手按下启动开关。当飞轮达到一定转速时，迅速放开右手的减压手柄，发动机启动后，左手松开启动开关。

注意：如果启动时启动马达转速过慢，可以将皮带拉紧杆向前推，将四条皮带放松后再启动。每次启动间隔应在 2 分钟以上，连续启动次数不应超过 3 次，以防止启动马达故障和蓄电池过度放电。发动机启动后，应立即松开启动开关，使其回到充电状态，否则容易引发启动马达故障。同时，观察电流表是否显示充电电流。

发动机启动后，将油门置于中位，需经过 5～10 分钟的预热运转，待运转正常后方可开始作业（在低温状态下，机油循环不充分，因此必须进行预热运转）。

（二）停止方法

将行走离合器和收割离合器手柄置于"离"位置，用右手关闭油门，发动机即停止工作，此时应拔出钥匙。

（三）收割机行走方法

将行走离合器和收割离合器手柄置于"离"位置，主变速杆置于空挡"O"位置，油门置于中间位置。启动发动机，向后拉动液压升降手柄，将收割部分升至合适高度（平时不工作时应放至最低，以接触地面）。操作主、副变速手柄选择速度、前进或倒退，将行走离合器手柄置于"合"的位置，收割机即可前进或倒退。需要改变方向时，根据需要拉动左、右转向操作杆。在倾斜路面上行驶时，如需紧急停车（斜度大于 10°），必须同时拉紧左、右转向操作杆。停稳后，履带前后必须塞入防滑块。

注意：在进行主/副变速手柄换挡时，应先后拉行走离合器手柄，使离合器与动力传递处于分离状态，然后再进行换挡操作，否则易引起变速箱故障。行走时宜采用高挡小油门；在长距离转移时，必须用车辆进行运输；严禁在公路上行驶。

（四）收割机停车的方法

在离开驾驶座位前，须先关闭发动机，取下钥匙并分离主电源开关，将

收割部分放下直至接触地面，行走离合器和收割离合器手柄应放在"合"的位置。

注意：在倾斜路面上停车时，履带前后必须塞入防滑块。

（五）上、下车装卸方法

取下活动驾驶座椅连杆，将收割部分提升至最高位置。将副变速手柄置于低速挡，降低发动机转速（油门宜控制在中低挡位置，但不可过低，否则发动机在装卸中容易熄火），缓慢进行装卸。确保左、右履带对正装卸跳板，在装卸跳板上不可操作转向手柄。

注意事项：

（1）上、下车装卸时，应使用坚固的装卸跳板，其宽度应在 350 mm 以上，长度应为运输车厢高度的 4 倍以上。跳板的构造必须能防止滑落，并选择能够承受收割机重量且在装卸时不会倾斜的场地进行操作。

（2）装卸时需取下活动驾驶座椅，人站在收割机后面操作。

（3）装卸跳板的挂钩应正确无误地挂到车厢上，并确保与车厢没有明显的高低落差；挂钩的强度应能承受收割机的重量。为以防意外，不要让无关人员接近收割机。

（4）选择平坦的场地进行装卸，需一名助手进行引导；在通过装卸跳板与车厢的交接处时，机体可能会突然下降，必须充分注意；装上车后必须用绳索固定底盘，将收割机稳固在运输车上。将主变速手柄置于"I"挡，副变速手柄置于低速挡，行走离合器和收割离合器手柄放在"合"的位置。

五、收割机的作业方法

（一）可作业的作物及田块条件

1. 作物条件

作物高度：60～135 cm。

2. 田块条件

收割前应查明道路、沟渠、桥梁等情况，了解收割田块的土壤状况、作物品种、高度、成熟度，以及茎秆的干湿程度、倒伏情况等。

收割机下田时，一般应从田块右角进入，如图 5 所示。为了避免损失，应先用人工割出 2 m×4 m 的空间。如果田埂不高，收割机可直接进入收割。

（二）收割机作业前

水稻产区上午 9：30 前一般都有露水，如进行收割，损失率和含杂率会增大。因此，每天使用前，机手可利用这段时间对收割机进行检修和维护。

图 5　收割机下田示意图

用手转动主轴，检查在无负荷情况下整机各转动部位的阻力大小（一般情况下，一只手即可将主轴转动）。清除机器上、履带、机架等处缠绕的草、杂物和泥土。检查连杆、螺栓、螺母、焊接件和传动件是否牢固可靠，然后在所有活动、转动、相互摩擦部位，以及链轮、链条、滑道，特别是两个离合器的离合块内加注润滑油，并将发动机加足燃油、水和润滑油。确认一切正常后，启动发动机，开始当日的收割工作。

（三）收割机作业中

在收割作业中，机手除了牢记收割机使用安全注意事项，还必须保持清醒的头脑，时刻观察和倾听收割机的运行情况，以确保接粮员、运粮员及周围人员的安全。事先准备好冷却水、燃油和润滑油，以便及时加注。在收割作业中发现问题时，应立即停机检查，排除故障后再继续工作。切忌侥幸应对，以免造成更大损失。收割机的扶禾指链、割刀、割台搅龙、出谷搅龙、二次回笼搅龙均设有超负荷自动保护装置，如发现停止工作，应立即拉动收割离合器和行走离合器手柄，停止柴油发动机工作，找出原因并排除故障后再继续收割。当收完一块田再收另一块田时，应停止收割部分的工作，将柴油发动机调至低速状态下运行或停止柴油发动机工作，了解下一田块的情况并做好下田前准备工作后，再驶往下一块田进行收割。

（四）收割机作业后

每天的收割作业结束时间不同。如果完工较早，可以按照"收割机作业前"的内容为第二天的收割做好准备。如果完工较晚，天黑后视线不佳，路况不好，最好不要将收割机开回，以免发生意外。

（五）全年收割任务完成后的清理与维护

先进行整机外观清理，去除杂物和缠草，洗净泥水。然后检查机器各部分的磨损情况，根据实际情况进行必要的修理、维护和保养。机手无法修理的部分应与厂家联系解决。对于易生锈的部位，需要重新刷上油漆；割刀、链轮、链条、转动部位等需加注润滑油；轴承需加注黄油。取下所有皮带自然放置；将离合器手柄置于"合"的位置，以免长时间弹簧受力影响离合器性能。放尽柴油发动机水箱里的水，以免冬季结冰导致水箱体胀裂。将履带锁紧螺杆放松，使履带不受力，以延长使用年限。有条件的情况下，可将机架顶起，选择四点垫上木块或红砖，使履带不受压力而延缓老化。最后，用木块垫住并放下收割部分。收割机最好放置在室内，如无条件，一定要盖好防护物，避免日晒雨淋。

警告：一旦发现自动保护装置范围内的转动部位未工作，说明保护装置处于打滑状态，应迅速拉动收割机的行走离合器手柄，停止柴油发动机的工作。找出故障原因并排除后，再启动柴油发动机继续收割。

安全要点：

（1）勿让闲杂人员靠近收割机。

（2）在发动机启动及合上离合器前，必须向周围人员示意，并确认周围环境的安全。

（3）发动机运转时，手及身体不得靠近收割机的转动部分。

（4）若发生异常情况，必须立即关停发动机后再进行检查。

（5）未安装安全罩壳时，不可进行收割作业。

（6）倒车时，要注意后方的安全。如果后方有河流（水沟）或悬崖，要防止翻落，并特别注意接粮人员及田间其他人员的安全。

（7）跨越田埂或沿着水泥田埂行走时，应采用低挡小油门，禁止急转弯，以免造成履带脱落或破损。过田埂时应垂直通过；在越过突起地面时，由于重心位置的变化，机体可能会突然前冲下降，应特别注意。

（8）不准带故障或超负荷工作，不准在柴油发动机运转时进行保养或排除故障，不准在夜间加油时使用明火照明。

（9）要避免与高温排气系统及高温水、油接触，以免发生烧伤、烫伤事故。

（10）要防止蓄电池电解液腐蚀、电路短路引起的蓄电池损坏、导线过热、火花等问题。

六、收割机主要零部件的构造、功能和调整

(一)割台部件

割台部件由分禾尖、扶禾指、切割器、扶禾面板、割台搅龙、天轴等组成,如图 6 所示。

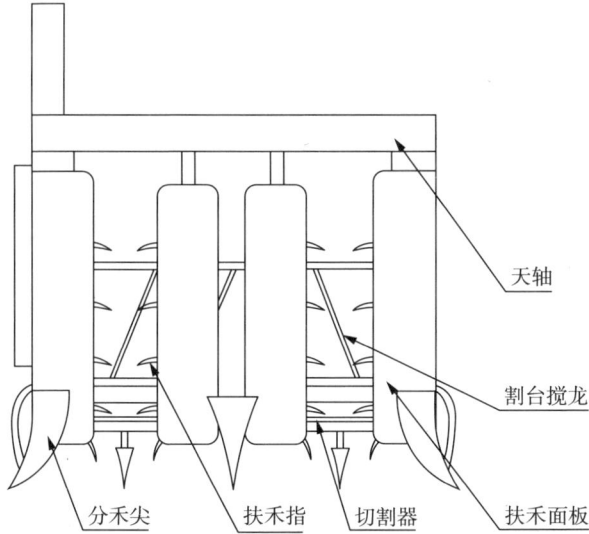

图 6 割台部件示意图

分禾尖主要用于将割区内外的作物分开,并将其两侧的作物导入割区内。开车时注意不要撞坏分禾尖。

扶禾指的作用是将作物扶起并导向切割器。4 组扶禾指链条上各有 4 根螺杆,用于调节链条的松紧。

切割器是用于切断作物茎秆的工作部件,它由动刀片、刀杆、定刀片、压刃器、调整垫片、切割器底板、摩擦片等部件组成,如图 7 所示。

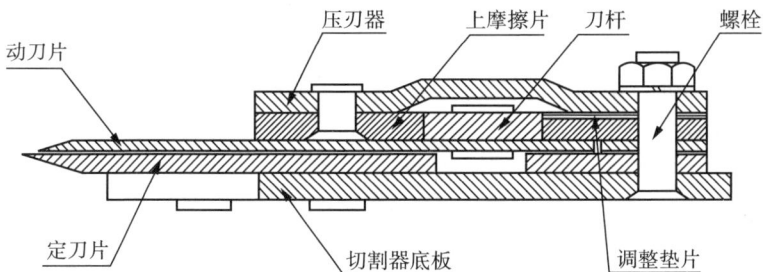

图 7 切割器示意图

切割器底板是切割器的基础，动刀片铆压在刀杆上，其数量比定刀片少一片。定刀片排列的整齐程度直接影响切割作物的效果。出厂时已经调整好，更换刀片时应用直尺检查，其高低偏差应≤0.5 mm。如达不到规定值，应检查切割器底板是否变形，或更换的刀片与原刀片厚度是否一致。

动、定刀片间隙的调整：当动刀片与定刀片中心重合时，刀片前端应互相接触，允许有0.5 mm间隙；后端有0.5～1.0 mm间隙，允许少量间隙为1.5 mm；如果达不到上述要求，可在切割器底板与压刃器之间增加调整垫片来实现。

刀杆与摩擦片之间的间隙为0.3～0.5 mm。当机器使用较长时间后，摩擦片侧边磨损，割刀振动严重时，可将摩擦片前移、掉头或反面使用。如果摩擦片两侧边都磨损，应更换摩擦片。

割刀传动机构：主要由偏摆齿轮和连杆等组成，其长度在出厂时已调好，以确保动刀片运动时两边距离对称。

割台搅龙：其作用是将割断的作物送到脱粒筒入口处。割台搅龙喂入量过大会触发超越离合器自动保护而停止运转。此时应迅速拉动行走离合器和收割离合器手柄，待发动机熄火后，查明原因，处理故障后再继续工作。

（二）脱粒清选部件

脱粒清选部件是收割机的核心部件，其作用是对进入脱粒室的作物进行脱粒、分离、清选、输送、排草及卸粮等工作。其主要由滚筒顶盖、脱粒滚筒、凹筛网、风机、籽粒输送装置、二次复脱装置、接粮装置等组成。

脱粒滚筒：本机采用开式、轴流杆齿式脱粒滚筒，其作用是与筛网组合完成作物的脱粒和分离。

筛网：本机采用固定栅格式凹板筛，具有分离面积大、效果好等优点。在收割较青或潮湿的作物时，应及时检查和清理凹板筛，避免因凹板筛堵塞导致分离损失过大的情况。

振动筛：振动筛与风机组成清选机构，对已脱粒作物进行清选，降低籽粒的含杂率。

风机：风机与振动筛组成清选机构，对脱粒后的作物籽粒进行清选，提高籽粒的清洁度。

籽粒输送装置：由出谷搅龙和刮板提升装置组成，其作用是将清选干净的籽粒输送至接粮装置进行装袋。

二次复脱装置：由二次回笼搅龙和搅谷提升搅龙等组成，其主要用于将未吹出机外的含杂谷穗输送到脱粒室进行二次脱粒。

（三）柴油发动机与行走底盘

柴油发动机是整机的核心部件，用户在使用过程中必须严格按照《柴油机使用说明书》进行操作、调整、维护和保养。柴油发动机的冷却水箱应定期放尽水，清理水箱内的杂质和污垢后，再加注足量清水。

行走底盘由 B18 型变速箱、行走机架、橡胶履带等组成（变速箱另附有使用说明书）。

橡胶履带的调整：在使用过程中要注意橡胶履带的松紧度。如果过松，容易跳齿掉带；过紧则会影响使用寿命。合适的张紧度为：用手下压 20～30 kg 力，使履带下垂 15～20 mm 为宜。调整时，松开锁紧螺母，使调节螺杆向前伸长或后缩，即张紧轮向外推出或拉回。调整好后，拧紧锁紧螺母即可。

（四）液压与操作系统

液压系统的作用是控制收割部分的升降。本机的液压系统由齿轮泵、操作阀、油缸、油箱、油管等组成。操作阀安装在驾驶台前端，通过连杆与升降手柄相连，向前推时收割部分下降，向后拉时收割部分上升。

操作系统由转向制动机构、收割离合机构、行走离合机构、主/副变速手柄、油门机构等组成。

转向制动机构的操作与调整：将两根拉杆分别或同时向后拉，以实现转向或制动功能（先离合后制动）。调整时，将拉杆拉到位后，可松开拉杆上的锁紧螺母，取下连接销，并缩短拉杆长度即可。

收割离合机构：收割离合手柄通过拉杆与离合块相连，向后拉以分离柴油发动机的动力传递，向前推以传递动力。当动力传递不足或无法分离时，可通过调整拉杆长度或离合器间隙来解决。

行走离合机构：行走离合手柄通过三根连杆与离合块相连，向后拉以分离柴油发动机与变速箱的动力传递，向前推以传递动力。当动力传递不足或无法分离时，应调整最上面的拉杆长度或离合器间隙。

调整离合器间隙的方法：当离合器处于"合"的位置时，松开分离杠杆上的锁紧螺母，旋转调整螺母进行调整。调整时使用 0.3～0.5 mm 厚的薄规进行测量，调整后拧紧锁紧螺母。三个分离杠杆的间隙应调整一致。

本机的收割离合器与行走离合器结构相同，调整方法一致。

七、日常维护与保养

为了保证收割机的良好性能并延长其使用寿命，做好维护与保养工作是关键。

班前保养主要包括：

（1）清理机器上的泥沙、缠绕的草等杂物。

（2）检查各紧固件是否松动，三角带是否断裂，并及时调整传动皮带和链条的张紧度。

（3）检查机器各焊接处是否存在裂缝、脱焊或变形。

（4）每天清理空气滤清器。

（5）检查柴油机机油状况，若不足，按规定补充机油。

（6）检查水箱冷却水状况，若不足，按规定补充冷却水。

（7）给各润滑点添加润滑油，特别是两个离合器的离合块内。

（8）启动发动机，使用小油门合上收割离合器手柄，低速检查各部件的转动情况是否正常，是否存在卡滞、碰撞、异常声响等现象。

（9）分开收割离合器手柄，合上行走离合器手柄，检查各挡位和转向是否正常，准备好随车工具及润滑油以备出发。

八、电气系统的故障分析与排除方法

（一）启动故障

1. 转动启动开关，启动马达不转

检查线路，查看保险盒内的保险丝是否熔断；用螺丝刀直接连接启动马达，如果马达转动，则说明启动开关损坏；如果不转动，检查电瓶接头是否氧化导致接触不良，清除氧化层，拧紧螺母，重新启动；如果马达仍不转动，则可能是启动马达损坏。

2. 启动马达转动无力

如果马达发出"嗒"声但转不动，可以判断为电瓶电力不足，应进行充电，也可能是启动马达损坏等原因。

（二）充电故障

不充电：不充电可能是由于调节器或发电机故障。判断方法是启动发动机并保持息速状态，用导线短路调节器，观察电流表的反应。若无变化，可慢慢提高转速，若出现充电电流则说明调节器损坏，需要更换；若仍无反应，则说明发电机损坏，应进行修复或更换。

九、常见故障及排除方法

收割机在作业过程中不可避免地会出现一些故障，及时发现并排除故障，对延长机器使用寿命、提高作业效率非常重要。当出现故障后，应遵循下列原则进行判断：先外后内，先易后难，按系分段，减少拆卸。切忌在弄清故障的真实原因前盲目拆卸机件。

以下的常见故障多为不按方法操作，不及时清除杂草、烂泥等杂物以及各调整部位调整不当所致，见表2所列。

表2　收割机故障及排除方法汇总

故障现象	故障原因	排除方法
履带脱轨	1. 转向过快、过激	慢速转弯
	2. 履带未张紧	按规定张紧
	3. 45°斜过田埂	垂直过田埂
	4. 导向轮伸缩方钢变形	修复
转向失灵	1. 连杆拉到顶	调整
	2. 驱动轮磨损	更换
	3. 转向臂压紧螺杆松动	重新压紧
机械高挡位不行走	1. 行走三角带太松	拉紧
	2. 离合器调整不到位	调整
	3. 底盘缠草太多	清理干净
行驶中突然停止	1. 副变速杆跳挡	调整连杆长度
	2. 泥脚太深	换田作业
	3. 主变速杆跳挡	挂挡到位
行走打滑	1. 下陷太深	不宜作业
	2. 行走机构积泥、缠草严重	清草、清泥
	3. 摩擦片打滑	调整离合器
收割机升起缓慢	1. 液压油箱油量不足	加油
	2. 油泵损坏	更换
	3. 三角带太松	调整或更换
	4. 滑道有杂物	清理
	5. 进油管弯曲不供油	更换
不能收割作物而压倒作物	1. 扶禾指碰田埂脱出轨道卡死	恢复运转轨道
	2. 分禾尖变形，分禾不顺压倒作物	校正分禾尖
	3. 割刀上有泥土、杂物堆积	清除

（续表）

故障现象	故障原因	排除方法
进禾不畅割台搅龙缠草或卡死	1. 进禾口脱粒钉齿磨损	更换脱粒钉齿
	2. 割穗太长，喂入量过大	升高割台、减小割幅
	3. 自动保护起作用	排除保护原因
作业中柴油机冒黑烟或熄火	1. 柴油机有故障	检修柴油机
	2. 喂入量过大负荷过重	减转负荷
	3. 稻穗上有水	等水干了再割
	4. 运动件有故障	检查排除
启动马达不转	1. 保险丝烧断	更换
	2. 蓄电池严重亏电	及时充电
	3. 导线、蓄电池桩头接触不良	修复
发电机不充电或电流很小	1. 发电机、蓄电池线路接触不良	检查线路、接头
	2. 发电机发生故障	检修发电机
	3. 电流表损坏	更换

1GZ – 120 履带自走式旋耕机使用、保养及维修

一、旋耕机的外形

1GZ – 120 履带自走式旋耕机的外形及各部件的名称如图 1 所示。

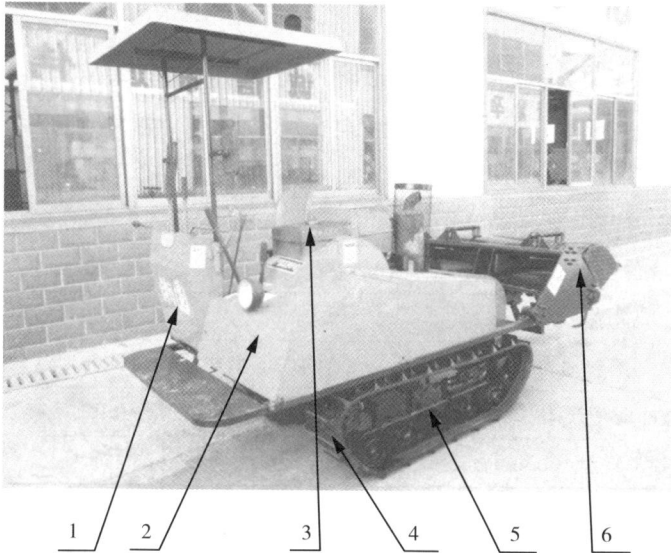

图 1　1GZ – 120 履带自走式旋耕机的外形及各部件的名称

1—操作台组件；2—外罩壳组件；3—柴油机；4—橡胶履带；5—底架总成；6—旋耕部件

二、主要技术参数

1GZ – 120 履带自走式旋耕机主要技术参数见表 1 所列。

表 1　1GZ – 120 履带自走式旋耕机主要技术参数

名称	旋耕机
型号规格	1GZ – 120
结构型式	履带自走式

（续表）

名称	旋耕机
外形尺寸（长×宽×高）（mm）	2960×1350×2250
整机质量（kg）	890
工作幅宽（mm）	1200
履带（节距×节数×宽）	90 mm×38 节×380 mm
轨距（mm）	1060
旋耕机传动方式	中间齿轮传动
联结方式	刚性直联
设计转速（r/min）	360
最大回转半径（mm）	245
总安装刀数（把）	30
回转切削面（个）	14
每切削面小区刀数（把）	2/1
相邻切削面间距（mm）	30
旋耕刀型号	IT245
最高车速（km/h）	5.9
配套动力	CLF35 型柴油机，21.1 kW，2200 r/min
纯工作小时生产率（hm²/h）	≥0.13
燃油消耗量（L/hm²）	≤21

三、主要部件及调整

1GZ-120 履带自走式旋耕机，是利用刀片旋转和履带前进的复合运动进行碎土作业的耕整田地机具。它由柴油机、底盘、悬挂架总成、传动箱总成、刀轴总成、机罩拖板总成、液压与操作系统、电器系统等部件组成。

（一）柴油机

柴油机是整机的核心部件，用户在使用过程中一定要严格按照《柴油机使用说明书》进行操作、调整、维护和保养。

（二）底盘

底盘由变速箱（另有使用说明书）、机架、橡胶履带等组成。

橡胶履带的调整：在使用过程中要注意橡胶履带的松紧度，过松容易跳齿掉带，过紧会影响使用寿命。合适的松紧度为用手下压 20～30 kg 力，使履带下垂 15～20 mm 为宜。调整时，松开锁紧螺母（图 2），使调节螺栓向前伸长或后缩，即张紧轮向外推出或拉回。调整好后，拧紧锁紧螺母即可。

图 2　橡胶履带的调整示意图

（三）悬挂架总成

旋耕机通过悬挂机构与底盘机架连接。底盘机架上安装有液压油缸，并与传动箱相连，通过液压系统实现旋耕机的升降。在悬挂架的两端安装有可调节的限位装置，可以手动调节耕深，如图 3 所示。

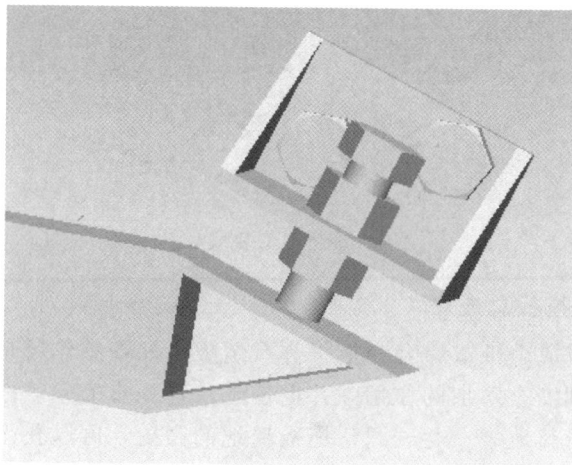

图 3　限位装置示意图

（四）传动箱总成

传动箱总成的主要功能是传递动力，并通过齿轮传动将工作离合器输入的转速降低到刀轴所需的转速，以适应旋耕作业的要求。传动箱主要由箱体、转动轴、圆柱齿轮、上盖板、轴承、油封以及轴承端盖等组成。箱体上部设有用于通气和加油的加油螺塞，箱体底部设有放油螺栓。

（五）刀轴总成

刀轴总成是本机的主要工作部件。它依靠传动箱传递的动力驱动其高速旋转，以进行旋耕作业。刀轴总成主要由刀轴焊合件、左/右弯刀等组成。

旋耕刀的安装方法：每根刀轴上焊有两条螺旋线的刀座。安装时必须从紧靠侧板的单个刀座开始安装（即第一条螺旋线），紧靠侧板的第一把刀的刀尖必须朝向箱体方向，刀口按照旋转方向，沿螺旋线依次安装。安装第二条螺旋线的刀片时，刀尖应朝向侧板方向，刀口沿螺旋线依次安装，如图4所示。

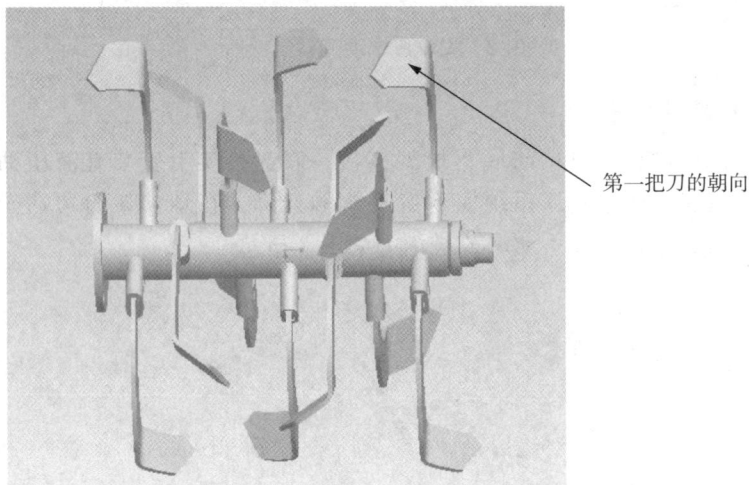

第一把刀的朝向

图4　旋耕刀安装示意图

（六）机罩拖板总成

机罩拖板总成由机罩焊合和拖板焊合组成。机罩的作用是挡住旋耕时飞溅的土块，起到安全防护的作用，并促使土块进一步撞碎。拖板的作用是促进土块碎裂并平整地表。通过调整拖板离地的高度，可以获得不同的地表质量。一般情况下，土壤湿润时拖板放高些，便于清除刀轴上的积泥、缠草，并方便装拆刀片。

旋耕机工作时，刀片最外缘与机罩的前端间隙不宜过大，如果过大，泥土会被抛到刀轴前方并再次旋耕，从而增加柴油机的负荷；间隙过小，则容易产生堵塞。推荐的间隙为30～40 mm，在安装与修复机罩时，此值不得小于28 mm。

（七）液压与操作系统

1. 液压系统

液压系统的主要作用是控制旋耕刀轴的升降。该系统由齿轮泵、操作阀、油缸、油箱、油管等组成。操作阀安装在驾驶台的右侧。操纵手柄向前推时，旋耕机刀轴下降；向后拉时，旋耕机刀轴上升。

2. 操作系统

操作系统由转向制动机构、旋耕离合机构、行走离合机构、主/副变速机构、油门机构等组成。

（八）电气系统

本机电气系统由发电机、调节器、启动电机、蓄电池、指示仪表、照明灯、控制开关和导线等组成。该系统为负极接地的单线制连接，额定电压为 24 V。当发电机不工作或柴油机低速运转时，所有用电设备由蓄电池供电，电流表指针偏向"－"；当发电机向蓄电池充电时，电流表指针偏向"＋"。启动电机使用时，电流可达数百安培，因此电流不通过电流表，以免造成损坏。

四、旋耕机的操作与使用

旋耕机是一种复杂的农业机械，在使用和操作前，必须认真阅读使用说明书，掌握本机各部位的结构原理、作用、调整方法及安全操作规程等。

（一）使用前的日常检查

使用前必须认真进行日常检查。检查时，必须关闭柴油机。检查内容包括：

（1）检查柴油机机油是否在油尺的上下刻度之间，机油质量是否符合柴油机使用说明书的要求。

（2）检查水箱冷却水是否充足。

（3）检查空气滤清器是否被灰尘堵塞。

（4）检查整机电路系统，确认前大灯和转向灯是否正常点亮。

（5）检查链条、皮带、履带等是否松弛或损坏。

（6）检查各紧固件是否松动。

（7）检查各焊接处是否有裂缝或脱焊。

（8）检查各润滑处是否已加油。

（9）检查机器各处的杂草、烂泥等杂物是否已清除。

（10）检查刀片是否松动或损坏。

（11）检查各防护罩是否安装正确、牢固。

（12）检查旋耕离合器是否处于"离"的位置，主变速手柄是否处于空挡位置。

（二）驾驶要领

1. 柴油机的启动与停止

（1）启动方法

将主变速手柄置于空挡（中位）位置，旋耕离合器置于"离"的位置，油门踏板踩到中间位置。将钥匙插入主开关，转动至"I"挡接通电源，按喇叭数次，向周围的人示意启动。确认安全后，踩下行走离合器踏板，使行走离合器处于分离状态，按下启动开关。柴油机启动后，松开启动开关。

启动时的注意事项：

① 启动时，如果启动电机转动 5 s（冬季可延长至 15 s）而无法启动发动机，则须暂时停止。间隔 2 min 左右后再启动，连续启动不要超过 3 次，以防启动电机发生故障。

② 柴油机启动后，手应立即松开启动开关，否则容易引起启动电机故障。

③ 柴油机启动后，油门应置于中位，须经过 5～10 min 的预热运转，待运转正常后，方可开始作业。特别是在气温低于 0 ℃时，由于机油循环不充分，必须进行预热运转。

（2）停止方法

将旋耕离合器手柄置于"离"的位置，然后拉熄火接线并转动 90°锁住，柴油机即可停止工作，此时应拔出钥匙。

2. 行走操作

首先，放松制动锁紧手柄，将旋耕离合器手柄置于"离"的位置，主变速手柄置于空挡位置，油门踏板踩到中间位置，踩下行走离合器踏板，使行走离合器处于分离状态，启动柴油机。其次，向后拉液压升降手柄，将旋耕刀轴升起。若需改变方向，拉动左/右转向手柄；操作主/副变速手柄以选择速度；在倾斜路面上行驶时，如需紧急停车（斜度大于 10°），必须同时拉紧左/右转向手柄，停稳后，履带前后必须塞入防滑块。

行走时的注意事项如下：

主/副变速手柄换挡时，应踩下行走离合器踏板，使行走离合器处于分离状态。否则，易引起变速箱故障。

行走时应采用高挡小油门。

在长距离转移时，必须使用车辆装运。

严禁旋耕机在公路上行驶。

3. 停放旋耕机

旋耕机停放方法：离开驾驶座位前，放下旋耕刀轴，将主变速手柄置于空挡位置，关闭柴油机并取下钥匙。在倾斜路面上停放时，应在履带前后放置防滑块。

4. 上、下车装卸

上、下车装卸的方法：将旋耕刀提升到最高位置；将副变速手柄置于"慢"挡，降低柴油机转速（油门应控制在中低挡位置，但不可过低，否则柴油机在装卸过程中容易熄火），缓慢进行装卸；确保左、右履带对准装卸桥（板），在装卸桥（板）上不可操作转向手柄。

上、下车装卸时的注意事项：

上、下车装卸时，必须使用坚固的装卸桥（板），其宽度应在 400 mm 以上，长度应为运输车厢高度的 4 倍以上，结构上须能防止滑落。选择能够承受旋耕机重量且装卸桥（板）不倾斜的装卸场所。

装卸桥（板）的挂钩应准确无误地挂到车厢上，并确保与车厢没有明显的高低差。

挂钩的强度应能承受旋耕机的重量。

在上、下车装卸时，为防止意外发生，不要让人靠近旋耕机，并需有一名助手进行引导。

在通过装卸桥（板）与车厢的交接处时，机体可能会突然下降，必须特别注意。

装运时，必须用绳索捆绑底盘，将旋耕机固定在运输车上。将主变速手柄置于"Ⅰ"挡，副变速手柄置于"低"挡。拉紧左/右转向操作手柄。

5. 旋耕机作业条件和作业方法

（1）可作业的耕地条件

水田的泥脚深度不得超过 250 mm，旱土应无树木、石头等坚硬异物，机体的侧向倾斜角度应小于 5°。

注意：

如果田间杂草过多或过长，可能无法作业或影响作业性能，因此应做好田间除草工作。

（2）旋耕机的作业方法

① 确认旋耕装置处于旋耕状态（即安装的刀片为旋耕刀）。

② 启动旋耕机，将旋耕刀轴提升至最高位置。

③ 合上旋耕离合器。

④ 踩下行走离合器踏板，选择适当的行走挡位。

⑤ 慢慢松开行走离合器踏板，让机器向前行走。

⑥ 缓慢放下旋耕刀轴至适当高度，并开始旋耕作业。

旋耕作业时的注意事项：

① 禁止闲杂人员靠近旋耕机。

② 柴油机运转时，手及身体不得靠近柴油机的转动部分。

③ 安全罩壳未安装时，不可进行旋耕作业。

④ 有异常情况发生时，必须立即关闭柴油机，再进行检查。

⑤ 跨越田埂或沿着水泥田埂行走时，应采用慢挡小油门，禁止急转弯，否则会造成履带脱落或破损。

⑥ 在越过突起地面时，由于重心位置的变化，机体可能会突然前冲或下降，应特别注意安全。禁止带故障或超负荷工作，禁止在柴油机运转时进行保养或排除故障，禁止在夜间加油时用明火照明。

⑦ 要避免与高温排气系统及高温水、油接触，以免发生烧伤、烫伤事故。

⑧ 旋耕作业时不可用高速挡作业和急转弯。禁止先降下旋耕刀再合上旋耕离合器，以免堵塞、损坏机器。

五、日常维护与保养

旋耕机的工作环境恶劣，为保证其良好的性能并延长使用寿命，做好维护与保养工作是关键。

(一) 班前保养

清理机器上的泥沙、缠草等杂物。

检查各紧固件是否松动，三角带是否断裂，并及时张紧传动皮带和链条。

检查机器各焊接处是否有裂缝或脱焊。

每天清理空气滤清器。

检查旋耕刀是否损坏。

检查柴油机的机油状况，不足时按规定补充。

检查水箱的冷却水状况，不足时按规定补充冷却水。

按照规定在各润滑点加注润滑油。

清扫散热片和防尘网。

启动柴油机，使用小油门合上旋耕离合器，低速检查各部件转动情况是否正常，有无卡滞或异常声响等现象。

分开旋耕离合器，合上行走离合器，检查各挡位和转向是否正常。

准备好随车工具和润滑油，准备出车。

(二) 季度保养

彻底清除泥沙和缠草，清洗机器。

检查各机件是否有磨损、变形、脱焊等情况，并予以修复或更换。

检查易磨损的薄板、钢件，修复后对生锈的外露件除锈并重新刷油漆。

放松各传动皮带或将其卸下，存放到指定地点。

检查各轴承是否有损坏，修复后加注干净的润滑油。

更换柴油机机油，并放掉水箱内的冷却水以防冻坏。

机器应存放在通风、干燥的室内；露天存放时，要用防雨布盖好，雨天及潮湿季节要勤检查。

更换变速箱润滑油。

将底盘用木块垫起，放松履带张紧机构。

（三）机器的润滑

良好的润滑可以减少磨损，延长机器使用寿命。旋耕机润滑事项明细见表 2 所列。

表 2　旋耕机润滑事项明细

名称	种类	润滑部位
柴油机机油	CD‐40	各种操纵杆件各接点处、柴油机油底壳
液压油	68♯抗磨液压油	行走底盘变速箱、液压油箱
润滑脂	锂基润滑脂	装有油杯的轴承座、齿轮箱体、支重轮、导向轮等

注意：

柴油机油底壳、液压油箱、行走底盘变速箱和传动箱均按配套厂家的使用说明书进行润滑。

外注机油润滑部位，应每工作 4 h 加注一次；加润滑脂的部位，应每工作班次加注一次；支重轮、导向轮和齿轮箱体，每工作季节加注一次。

六、常见故障及排除方法

以下为有可能出现的故障，多为不按方法操作，不及时清除杂草、烂泥等杂物以及各调整部位调整不当所致，见表 3、表 4 所列。

表 3　旋耕机故障及排除方法汇总

故障现象	故障原因	排除方法
履带脱轨	1. 转向过快、过激 2. 履带未张紧 3. 张紧轮夹板变形 4. 在超过 5°的斜坡边行走 5. 45°斜过田埂	1. 慢速转弯 2. 按规定张紧 3. 修复、更换 4. 在平地上行走 5. 垂直过田埂

（续表）

故障现象	故障原因	排除方法
转向失灵	1. 制动器制动摩擦片磨损 2. 转向拨叉磨损 3. 转向轴承损坏 4. 转向齿轮、中央齿轮磨损 5. 驱动轮磨损 6. 驱动半轴断裂 7. 转向臂变形或断裂	1. 更换 2. 更换、修复或交换安装 3. 更换 4. 更换 5. 更换 6. 更换 7. 更换
机械高挡位不行走	1. 行走三角带太松 2. 离合器调整不到位（间隙太小） 3. 离合器摩擦片磨损或浸油打滑 4. 底盘缠草太多 5. 变速箱固定螺栓松动	1. 调整 2. 调整 3. 清洗或更换 4. 清理干净 5. 重新紧固
行驶途中突然停止	1. 副变速手柄跳挡 2. II轴轴套碎裂 3. 驱动半轴断裂 4. 传动箱链条断 5. 行走三角带太松 6. 田块太烂，泥脚太深 7. 主变速手柄跳挡	1. 紧固副变速臂固定螺栓、定位到位 2. 修复 3. 更换 4. 更换 5. 张紧 6. 换田作业 7. 修复定位机构
行走打滑	1. 下陷太深 2. 三角带太松 3. 行走机构积泥、缠草严重 4. 摩擦片打滑	1. 换田作业 2. 张紧三角带 3. 清草、清泥 4. 调换摩擦片
变速箱体破裂	1. 箱体与机架的固定螺栓松动 2. 撞击石块等凸起物	1. 更换 2. 更换
油缸不能下降	1. 液压顶杆卡死 2. 回油孔堵塞	1. 拆出油缸清洗 2. 清洗、疏通
刀轴升不起或升起缓慢	1. 溢流阀调节太松 2. 溢流阀阀口有脏物 3. 有关管道或零件连接处漏油 4. 液压油箱油量不足 5. 油泵损坏 6. 滤油器堵塞 7. 油温过高	1. 调节溢流阀调节螺栓 2. 拆开清洗后重装 3. 检查漏油部分，更换受损密封件 4. 加油 5. 拆下油泵后更换新泵 6. 清洗滤油器和油箱 7. 按说明书要求更换液压油

（续表）

故障现象	故障原因	排除方法
刀轴转动不灵活	1. 齿轮、轴承损坏、咬死 2. 侧板变形 3. 刀轴弯曲变形 4. 刀轴缠草、抱土严重	1. 更换齿轮或轴承 2. 校正侧板 3. 校直刀轴 4. 清除缠草、抱土
刀座损坏	1. 刀片遇石块受力过大 2. 刀片装反受力过大 3. 猛降入土受力过大	1. 清除田间石块 2. 正确安装刀片 3. 逐渐入土
刀片弯曲或折断	1. 与坚石相碰 2. 转弯时仍进行耕作 3. 猛降在硬地上	1. 更换刀片，清除田间石块 2. 转弯时稍离地面，禁止耕作 3. 缓慢降落

表 4　旋耕机电气系统故障及排除方法汇总

部位	故障现象	故障原因及判断方法	排除方法
起动回路	启动电机不转	1. 检查保险丝是否烧断 2. 导线连接处、接地线或连接插件接触不良 3. 蓄电池严重亏电，电量不足 4. 用两头剥去绝缘的粗导线短接"电源"（粗红线）与"电机"（粗蓝线）能启动机器，则启动继电器损坏 5. 启动电机故障：有两种情况，一种是有时能启动，有时不能启动，则多数是电磁开关损坏；另一种是启动时有"哒哒"声，若能排除是蓄电池亏电，则可能是电机损坏 6. 钥匙开关损坏：用两头剥去绝缘的导线短接开关上粗黑线、粗黄线，能启动机器，则开关损坏	1. 重接保险丝 2. 插紧连接插件或拧紧螺丝 3. 充电 4. 更换 5. 更换 6. 更换
	启动电机运转无力	1. 蓄电池充电不足 2. 导线连接处及连接插件接触不良 3. 冬天天气冷，应用 30 号 CD 级柴机油	1. 充电 2. 插紧连接插件或拧紧螺丝 3. 更换 30 号 CD 级柴机油

（续表）

部位	故障现象	故障原因及判断方法	排除方法
起动回路	驱动齿轮与齿圈不能啮合且有异响	1. 启动电机上的驱动齿轮损坏或飞轮齿圈损坏 2. 启动电机安装螺栓松动，使两齿不能正常啮合 3. 蓄电池电压小于 21 V	1. 更换齿轮或电机或飞轮 2. 准确安装并拧紧螺栓 3. 充电
	柴油机启动后，启动电机运转不停	1. 电磁开关接触盘与触点烧结 2. 传动叉弹簧过软或折断，铁心和接触盘无法复位 3. 启动继电器触点烧结，使电磁开关的两个主接线柱始终处于接通状态 4. 钥匙开关没有复位 注意：检查电器故障时应先关闭柴油机，拔去两端保险丝插片，再进行检查	更换损坏的元器件 注意：当发生该故障时应先关掉机后的电源闸刀开关
充电回路	不充电（电流表指针不向"＋"偏）	1. 检查保险丝是否烧断，检查电机皮带松紧度 2. 启动机器，打开大灯，关闭钥匙开关，则油门越大灯越亮；在调节指示灯正常时，若大灯不亮则电机坏 3. 打开钥匙开关，按喇叭，电流表指针会往负极偏转，若无反应则电流表坏 4. 启动柴油机 1～2 h 后调节器即烧坏，检查调节器至发电机的"＋"极黄线与"磁场"绿线是否破损，若无则发电机短路 5. 启动柴油机在怠速状态，用两头剥去绝缘的导线短接调节器的"电源"与"磁场"接线柱，观察电流表反应；若无变化，可缓慢加油门，提高转速，若有充电电流说明调节器坏；若仍无反应，说明发电机坏 6. 用两头剥去绝缘的导线，一端连接在发电机"＋"极上，一端与机壳划擦，若有火花，则证明发电机在工作；无火花则发电机坏	1. 重接保险丝或张紧皮带 2. 更换 3. 更换 4. 更换 5. 更换 6. 更换

部位	故障现象	故障原因及判断方法	排除方法
充电回路	充电电流过小	柴油机各种转速时的充电电流都小，蓄电池经常存电不足，灯光暗淡，喇叭声音小，启动电机运转无力。其原因分析： 1. 充电线路接触不良，接触电阻大 2. 传动皮带打滑，柴油机转速过低 3. 发电机内个别二极管损坏，或内部线圈故障，可用试灯法检查。拆下发电机"＋"与"－"接线柱上的导线，将试灯的两根导线分别接在"＋"与"－"上，启动柴油机，逐步提高转速，查看试灯亮度。若试灯发红，且不随转速升高而增加亮度或亮度增加不明显，则发电机内部有故障；若试灯亮度能随转速升高而增加较大，则发电机良好，故障在调节器处 4. 调节器触点脏污，或电压调节过低	1. 拧紧、插紧各线头或除锈、去油污 2. 调节发电机张紧皮带 3. 更换或送修 4. 更换
	充电电流过大	1. 在蓄电池不亏电的情况下，电流表指示充电电流仍在 10 A 以上 2. 蓄电池电解液消耗过快，经常需要添加 3. 照明灯泡经常烧毁 原因分析： 1. 电压调节器限压值调整过高 2. 发电机绝缘电刷或正电刷与元件板短路	修理或更换元件
用电系统	灯不亮	1. 检查保险丝是否烧断。若不是，短接大灯开关上的红线与远近光的任何一根线，大灯不亮则灯坏，亮则开关坏 2. 短接后灯开关两根线，不亮则后灯坏，亮则开关坏 3. 一开后灯即烧保险丝，则必有一后灯短路 4. 转向灯不亮则保险丝烧断或转向灯损坏	1. 更换 2. 更换 3. 更换 4. 更换

（续表）

部位	故障现象	故障原因及判断方法	排除方法
用电系统	指示仪表坏	1. 无指示：检查保险丝是否烧断。若无指示，接通电源，短路相应的传感器。若表出现指示，则传感器坏；否则，仪表坏 2. 指示不回位：接通电源，仪表指示最高位，柴油机工作时仍不能回到正常指示。先断开传感器。如仪表指针不能回零，说明传感器短路；如断开传感器仪表指针也不能回零，则仪表损坏	1. 更换相应元件 2. 更换相应元件
	喇叭不响	1. 保险丝是否烧断，若无声，拔掉连接插件后短接喇叭，有声则开关坏，无声则喇叭坏 2. 短接喇叭按钮，响则喇叭按钮坏，不响则喇叭坏	1. 修复或更换 2. 修复或更换

参 考 文 献

[1] 李怒云．中国林业碳汇管理探索与实践［M］．北京：中国林业出版社，2016．

[2] 吴庆定，夏余平，赵橄培．廉价碳汇资源高值清洁利用技术［M］．北京：中国林业出版社，2018．

[3] 江丽华，徐钰，等．农田温室气体排放评估与减排技术［M］．北京：化学工业出版社，2019．

[4] 韩永先．我国农机保有量已达2亿台套机械化、智能化发展正当时［N］．中国工业报，2024－06－14（6）．

[5] 郭宇．直面卷时代农机行业求新求变［N］．中国工业报，2024－06－28（6）．

[6] 江英，廖小军．豆类、薯类贮藏与加工［M］．北京：中国农业出版社，2002．

[7] 孙梅君，郭玮．我国粮食安全面临的新情况及政策建议．中国国情国力［J］，2007（7）：6－8．

[8] 魏文章，梁军．我国粮食安全的隐忧及对策思考［J］．理论导刊，2010（10）：68－70．

[9] 周建设．资源型农村应在解决耕地抛荒问题上率先作为：以湖南省冷水江市中连乡为例［J］．湖南人文科技学院学报，2010（1）：17－20

[10] 贺文华．农村土地抛荒研究［J］．衡阳师范学院学报，2004（5）：35－37．

[11] 杨涛，王雅鹏．农村耕地抛荒与土地流转问题的理论探析［J］．调研世界，2003（2）：15－19．

[12] 吴新慧，孙秋云．社会学视野下的近年农村土地抛荒问题浅析［J］．湖北民族学院学报（哲学社会科学版）.2004（1）51－54．

[13] 朱先春．山地农机将成为下一个市场热点：第二届海峡两岸丘陵山区农机展侧记［N］．农民日报，2011－12－09（5）．

[14] 陈聪. 南方丘陵山地水稻机械化生产技术模式研究 [D]. 北京：中国农业科学院，2012.

[15] 凌勇坚，周方兴. 双滚筒全喂入式联合收割机原理和实效 [J]. 现代农业装备，2005 (12)：55-56.

[16] 陈世启. 农村土地规模经营必要性探析 [J]. 襄樊学院学报，2003 (6) 25-30.

[17] 尹建军，杨奇勇，尹辉. 湖南省农业旱灾灾情评估与分析 [J]. 云南地理环境研究，2008 (1)：37-40，64.